Amandus Lauterbach

Untersuchungen zur Geschichte der Unterwerfung von Oberitalien durch die Römer

Amandus Lauterbach

Untersuchungen zur Geschichte der Unterwerfung von Oberitalien durch die Römer

ISBN/EAN: 9783955643997

Auflage: 1

Erscheinungsjahr: 2013

Erscheinungsort: Bremen, Deutschland

@ EHV-History in Access Verlag GmbH, Fahrenheitstr. 1, 28359 Bremen. Alle Rechte beim Verlag und bei den jeweiligen Lizenzgebern.

Untersuchungen

zur Geschichte der Unterwerfung von Oberitalien durch die Römer.

Amandus Lauterbach.

Breslau
Buchdruckerei H. Fleischmann
1905.

Inhalts-Übersicht.

	Seite
Einleitung:	1—26
Quellen:	3—18
Die Volksstämme:	18—23
Kolonien und Strassen:	23—26
I. Die Unterwerfung der Gallier in Oberitalien:	27—77
A. Die Unterwerfung der Insubrer:	31—63
B. Die Unterwerfung der Boier:	63—77
II. Die Unterwerfung der Ligurer:	78-115

Einleitung.

Gleich nach dem ersten punischen Kriege trat Rom deutlich mit der Absicht hervor, nach Norden seine Grenzen weiter auszudehnen. Hier schienen sich die Alpen als die natürlichste Grenze des römischen Reiches darzubieten. Andrerseits war es für Rom notwendig geworden, die unruhigen Nachbarn im Norden, die Gallier und Ligurer, zur Botmässigkeit zu bringen oder mit ihnen aufzuräumen. Denn die Gallier hatten stets jede Gelegenheit ergriffen, sich auf die Seite der Feinde Roms zu schlagen, und die Ligurer waren ebenso unbequeme Räuber zu Lande wie zur See. So wird denn i. J. 238 v. Chr. zum ersten Male ein Heer gegen die Ligurer geführt[1]), und auch in den folgenden Jahren kehren oft römische Feldherrn siegreich aus Ligurien zurück[2]). Doch scheinen bleibende Ergebnisse gegen diese auf ihren schwer zugänglichen Bergen gut geschützten Völker zunächst nicht erzielt worden zu sein. Dagegen gelang es Rom, bald darauf gegen die Gallier grosse Erfolge zu erringen. Diese, das Vordringen der Römer in Picenum und im Gebiete der senonischen Gallier mit Besorgnis beobachtend, waren selbst die Angreifer. In der furchtbar blutigen Schlacht bei Telamon aber wurde ihr Heerhaufen vollständig vernichtet (225 v. Chr.). Dieser grosse Sieg zog bald die Unterwerfung der Insubrer und Bojer nach sich, während die keltischen Cenomanen und die Veneter es

---

[1]) Liv. XX. adversus Ligures tunc primum exercitus promotus est.

[2]) Vgl. acta triumphorum.

vorgezogen hatten, vorher in ein Bündnis mit Rom einzutreten. Cremona und Placentia wurden im Jahre 218 v. Chr. als die ersten römischen Kolonien mitten in dem eben unterworfenen Gebiete angelegt und sollten fortan zur Festigung der römischen Herrschaft und zur Ausbreitung römischer Sitte und Ordnung dienen. Aber noch in demselben Jahre, in dem diese Kolonien gegründet wurden, erschien Hannibal in Italien, und es wurde nicht nur der Fortgang der Kolonisation in Nord-Italien auf viele Jahre unterbrochen, sondern die bisherigen Erfolge mussten auch zum grossen Teil aufgegeben werden. Denn ausser den Venetern und Cenomanen schlug sich alles, was Ligurer und Gallier hiess, auf die Seite Hannibals.

Nach dem Siege Roms über Karthago war es selbstverständlich, dass man mit derselben Politik gegen Ligurer und Gallier fortfahren würde, wie man sie vor dem 2ten punischen Kriege bereits eingeschlagen hatte, dass man also die Unterwerfung Oberitaliens von neuem in Angriff nehmen würde. Zunächst hatte Rom alle Ursache, die Gallier und Ligurer für die offene Unterstützung Hannibals zu strafen. Ausserdem war aber ein neuer wichtiger Gesichtspunkt hinzugekommen, der die Unterwerfung der ligurischen Küste bis nach Gallien hinein notwendig machte: **Die Eroberung und der Besitz Spaniens erforderte einen Landweg, auf dem man auch während des Winters, wo die Schiffahrt ruhte, Truppen dorthin senden konnte.**

Es hätte nun im Interesse Roms gelegen, diese kriegerische Aufgabe, Oberitalien und Süd-Gallien in Besitz zu nehmen, schnell durchzuführen. Einem solchen Unternehmen standen aber unüberwindliche Schwierigkeiten im Wege. Zunächst war Rom für eine kriegerische Operation grösseren Stils, die vielleicht binnen wenigen Jahren die Unterwerfung jener Gebiete hätte herbeiführen können, nach dem zweiten punischen Kriege zu schwach. Ferner waren seine Kräfte damals sehr oft durch gleichzeitige grosse Kriege im Osten und Westen in Anspruch genommen, und schliesslich setzten jene Völker den römischen Angriffen einen nachhaltigen, kräftigen Widerstand entgegen. Besonders verstanden es die Ligurer, offenen Feldschlachten auszuweichen und sich in Bergen und Tälern, ihren natürlichen Festungen, zu verteidigen. Und so kam es, dass das mächtige Rom zu derselben Zeit, wo es oft in wenigen, schnell aufeinander folgenden Schlägen, grosse Reiche zertrümmerte, in seiner unmittelbaren Nachbarschaft mit einem an Zahl unbedeutenden Gegner durch Jahrzehnte hindurch unentschieden ringen musste.

Den Verlauf dieser Kämpfe, welche zur Unterwerfung Ober-Italiens führten, vom Ende des zweiten punischen Krieges an festzustellen, soll die Aufgabe der vorliegenden Untersuchung sein. Wegen des unzulänglichen, zum Teil sehr wertlosen Quellenmaterials, ist es unmöglich, überall eine gleichmässige Darstellung zu geben. Einzelne Partieen werden ausführlicher behandelt werden können, bei anderen werden wir zufrieden sein müssen, wenn sich überhaupt einige sichere Tatsachen feststellen lassen.

Die Quellen.

Unter dem überlieferten Quellenmaterial nehmen die Triumphalfasten, als direkte urkundliche Ueberlieferung, die erste Stelle ein. Alles, was sich für unsere Zeit auf sie zurückführen lässt, ist historisch sicher beglaubigt. Zwei Mängel haften aber auch ihnen an. Einmal sind sie nicht vollständig erhalten, und dann kann man aus ihnen nur die römischen Siege, nie die in diesen Kämpfen so zahlreichen Niederlagen feststellen. Immerhin liefern sie uns die besten Zeugnisse für die Gallier- und Ligurer-Kriege, und da der Triumph eine Auszeichnung war, die nur bei bedeutenden Leistungen verliehen werden durfte, so ist damit gleichzeitig ein gewisser Massstab für die Grösse und Bedeutung eines Krieges gegeben. Andere inschriftliche Zeugnisse sind nur in geringer Zahl vorhanden.

Unter den antiken Autoren ist die Hauptquelle Titus Livius. Ausser ihm sind es nur ein paar kurze Notizen bei Dio, bezw. Zonaras und bei den Geographen Strabo und Plinius, die mit herangezogen werden können. Für den Feldzug des Jahres 154 v. Chr. ist ein umfangreicheres Fragment des Polybius vorhanden. Leider aber ist Livius nur bis zum Jahre 167 v. Chr. erhalten, und wir sind von diesem Zeitpunkte an auf die spärlichen Nachrichten der Periochae, des Orosius und seiner übrigen Ausschreiber angewiesen. Trotzdem ist er wegen seiner ausführlichen Darstellung zunächst für unsere Untersuchung die Hauptgrundlage, und es ist deshalb notwendig, sich über den Wert seiner Ueberlieferung ein Urteil zu bilden.

Ueber Livius als Geschichtsschreiber sind die Aeusserungen hervorragender Forscher und Gelehrter bekannt[1]).

Bei dem besten Willen, die Geschichte seines Volkes und Vaterlandes treu darzustellen, das Wahre vom Falschen zu trennen, den historischen Kern aus den überwuchernden Sagen- und Mythenbildungen herauszuschälen, fehlt ihm vor allem ein scharfer, kritischer Blick und jegliche politische und militärische Erfahrung. Er ist oft überzeugt, der besten Quelle zu folgen und schreibt doch nur den Schriftsteller aus, der ihm das meiste und das Interessanteste bot. Er wehrt sich gegen die übertriebenen und erlogenen Siegesberichte eines Antias und Claudius, um ihnen an einer anderen Stelle um so unbefangener zu folgen. Es steht ihm ein bedeutendes und umfangreiches Material zur Verfügung, er kennt die meisten Quellen und liest sie auch, und trotzdem ist bei ihm — und das ist der schlimmste Vorwurf, der ihn treffen muss — die Ausnutzung und Verwendung seines Quellenmaterials eine völlig ungenügende und oft sehr ungeschickte. Gewöhnlich folgt er nur einer Quelle und sieht höchstens am Schluss seines Berichtes andere Quellen

---

[1]) Ich verweise auf folgende Werke: Nissen: Krit. Untersuchungen z. 4. u. 5. Dekade des Livius. Weissenborn: Einleit. zu seiner Livius-Ausg. Wachsmuth: Einl. i. d. Stud. der alten Geschichte. K. W. Nitzsch: Die röm. Annalistik bis auf Valerius Antias. Karl Peter: Zur Kritik d. Quellen d. ält. röm. Geschichte. Soltau: Das Geschichtswerk des Livius.

ein, um wenigstens abweichende Versionen festzustellen. Oder er erzählt ein Ereignis, um es später nach einer anderen Quelle zum zweiten Male als etwas Neues zu berichten. Er merkt nicht das Bestreben der Annalisten, die Verhältnisse ihrer eigenen Zeit in ältere, unbekannte Zeiten zurückzuspiegeln; ebenso übersicht er, dass bei diesen fast alle Schlachten nach einem bestimmten Schema erzählt werden. Beweise für solche Behauptungen sind schon in Menge erbracht worden, und wir werden auch bei unseren Kriegsberichten eine solche ungenaue, ungenügende Arbeitsweise des Livius feststellen können. Allerdings muss man immer nachdrücklich darauf hinweisen, dass Livius einerseits gar nicht dazu befähigt gewesen ist, kritisch und methodisch die römische Geschichte zu schreiben, dass es andererseits auch nicht in seiner Absicht gelegen hat, als Geschichtsforscher an sein Werk heranzutreten. Er war von Hause aus Rhetor und als solcher hatte er sich die Aufgabe gestellt, in glänzender Darstellung die Ruhmestaten des „ersten Volkes der Welt" zu berichten. Das erklärt viel und entschuldigt viel.

Um nun bei dem Bemühen, die historische Wahrheit auf Grund einer solchen Ueberlieferung festzustellen, der Schwierigkeiten leichter Herr zu werden, würde es eine nicht zu unterschätzende Hülfe bedeuten, wenn es gelänge, die Quellen des Livius überall festzustellen.

Vor Livius haben die Kriege mit den Galliern und Ligurern die römischen Annalisten und der griechische Historiker Polybius ausführlicher erzählt[1]). Livius hat diese Schriftsteller gekannt und sie in seinem Werke auch verwertet. Nun hat aber schon Nissen in seiner grundlegenden Arbeit: „Kritische Untersuchungen zur 4. und 5. Dekade des Livius" nachgewiesen, das Polybius ausschliesslich für

---

[1]) Auch in Catos „origines" müssen Kriege Erwähnung gefunden haben. Für Livius kamen diese wahrscheinlich nur sehr knappen Notizen nicht in Betracht. Er benutzt den Cato nur dort, wo dieser persönlich beteiligt war und zitiert ihn dann meistens auch. Vgl. Nissen Krit. Untersuchungen p. 38 u. 39.

die griechischen und orientalischen Angelegenheiten in Betracht kommt, dass dagegen die Ereignisse des Westens aus den römischen Annalisten geschöpft sind. Ferner hat er schon darauf aufmerksam gemacht, dass von den Annalisten in der 4. und 5. Dekade wahrscheinlich nur Antias und Claudius[1]) benutzt worden sind, da Livius diese allein und sehr oft zitiert. Unsere Ueberlieferung würde demnach in der Hauptsache auf zwei Schriftsteller zurückgehen, die allgemein für die schlechtesten unter den römischen Autoren gehalten werden. Beide schrieben ungefähr zur Zeit Sullas eine Geschichte Roms bis auf ihre Zeit, Antias von der Gründung der Stadt an in mehr als 75 Büchern, Claudius vom gallischen Brande an in wenigstens 23 Büchern. Bei beiden finden sich zahlreiche Irrtümer, Ungenauigkeiten, masslose Uebertreibungen, freche Fälschungen und Erdichtungen. Besonders aber auf Antias lastet der traurige Ruhm, seinen Zeitgenossen noch bei weitem übertroffen zu haben. Er gilt als der verrufenste aller römischen Annalisten und selbst Livius führt an vielen Stellen eine heftige Polemik gegen ihn. Dennoch folgt er ihm öfter als dem Claudius, obwohl er diesen im ganzen mit weit grösserer Achtung behandelt.

Es sind nun schon Versuche gemacht worden, auch die annalistischen Partieen der 4. u. 5. Dekade auf bestimmte Autoren zurückzuführen, zunächst von Unger, (Philol. 1878 3. Suppl.-Bd.) unter der Voraussetzung, dass Claudius und Antias die einzigen Quellen des Livius für diese Periode seien. Ungers Arbeit griff Soltau an und er versuchte eine

---

[1]) Es ist eine Streitfrage, ob wir bei Livius nur einen Historiker Claudius als Quelle annehmen dürfen, oder ob Livius durch den Zusatz: Claudius secutus Graecos Acilianos libros (Livius XXV 39, 12. und XXXV, 14. 5.) einen zweiten Claudius eingeführt habe. Nissen (Krit. Unters. p. 39). Mommsen (röm. Forsch. II 426), Teuffel-Schwabe (Röm. Lit. Gesch. I. 157) Unger (Philol. suppl. III. 5 ff.) und Soltau (Philol. 56. p. 421) sind der ersten Ansicht u. alle ausser Nissen stimmen auch darin überein, dass dieser Claudius mit Claudius Quadrigarius identisch sei.

andere Lösung der Frage¹). Doch scheinen auch seine Resultate nicht den allgemeinen Beifall gefunden zu haben, den der Verfasser erhoffte, als er in der Einleitung zu seinem Buche seine Untersuchungen als „abschliessende" bezeichnete. Neben Antias und Claudius setzt Soltau noch einen dritten Annalisten als Quelle der 4. und 5. Dekade voraus. Nach seinen Ausführungen im Philol. 52 p. 664 besteht zunächst ein grosser Gegensatz zwischen den ausführlichen Kriegsberichten und den hauptstädtischen chronikartigen Angaben. Die letzteren aber gehen ihrerseits nach seiner Meinung auch auf zwei verschiedene Quellen zurück, da sich in ihnen neben knappen, kürzeren, stets sich gleich bleibenden Angaben, den „unverfälschten annales maximi", ausführliche Berichte finden, „die einer anderen Phase der Traditionsbildung ihren Ursprung verdanken." Diese, die jüngeren, sollen dem Antias, jene, die älteren, dem Piso angehören. Er weist darauf hin, dass Piso in der dritten Dekade citirt wird, dass ein Fragment des Piso bei Plinius H.N. XXXIV. 14 mit Livius XXXIX. 6. 7. übereinstimmt und dass gerade zahlreiche Pisofragmente den Charakter der annales maximi tragen. Die schwierige Frage, wie der Stoff auf die Annalisten zu verteilen ist, kann Soltau nun in einfachster Weise lösen: Piso und Antias teilt er jene hauptstädtischen Berichte zu und dem Claudius die ausführlichen Schlachtenschilderungen. Bei diesem letzten Schluss stützt er sich noch auf seine Untersuchungen über die dritte Dekade, wo er wahrscheinlich zu machen suchte, dass Claudius die Quelle jener „bedenklichen Schlachtenschilderungen", XXV. 36—39, XXVI. 40—50, XXVII. 17—20, XXVIII. 12—16, XXIX. 33—34, sein müsse²).

Ich kann nun hier weder den aussichtslosen Nachweis führen, dass Piso in der 4. und 5. Dekade von Livius nicht

---

¹) Soltau: Das Geschichtswerk des Livius. Leipzig 1897, und: die annalist. Quellen des Livius in der 4. und 5. Dekade. Philol. 52. 1894.

²) Soltau: Zur Chronol. der hispanischen Feldzüge. Hermes 1891, und: Livius' Quellen in der 3. Dekade. Berlin 1894.

benutzt ist, noch will ich zunächst gegen die Behauptung Soltaus auftreten, dass Livius bei Schlachtenschilderungen vor allem Claudius herangezogen hat, sondern ich musste nur die Soltau'schen Arbeiten kurz erwähnen, weil ich bei meinen Untersuchungen über die Liviusberichte der Gallier- und Ligurerkriege zu anderen Ergebnissen gekommen bin.

Schon Nissen (p. 44) hat vermutet, dass Livius bei Abfassung seines Geschichtswerkes am meisten die Annalen des Antias benutzt hat, ja dass sie vielleicht die Grundlage seines ganzen Werkes bildeten. Ich wies schon oben darauf hin, dass Livius als Rhetor die Geschichte des römischen Volkes hatte schreiben wollen und dass er wahrscheinlich das Werk als Quelle bevorzugte, das ihm den ausführlichsten Stoff lieferte. Das wird ohne Zweifel das sehr umfangreiche Werk des Antias gewesen sein. Wo andere Quellen ihm mehr boten, hat er sie sicher auch benutzt. So folgte er Licinius Macer für die Geschichte des Ständekampfes, Polybius für die griechische Geschichte, für die Geschichte des 2. punischen Krieges ausser Polybius und den Annalisten auch vorhandenen Spezialwerken u. s. w. Immerhin zieht er auch in solchen Perioden Antias zu Rate, wie Zitate beweisen. Ich möchte nun die Frage aufwerfen, ob es nicht möglich sei, diesen Annalisten, den Livius an 35 Stellen, bei weitem am meisten unter allen Annalisten, als seine Quelle nennt, einigermassen greifbar zu fassen. Für unsere Untersuchung würde das insofern von grossem Nutzen sein, als bei allen den Berichten, die sich auf Antias zurückführen liessen, von vornherein ein gewisser Massstab für ihre Glaubwürdigkeit gegeben sein würde.

Man hat schon längst darauf aufmerksam gemacht, dass Antias durch seine unglaublich grossen und lächerlich genauen Zahlen auffällt, die selbst das Misstrauen des Livius so und so oft hervorrufen. Doch diese Zahlen allein können noch kein Erkennungszeichen bilden, da Claudius wenigstens in der Grösse der Zahlen oft nicht nachsteht. Es gilt also weitere Merkmale zu finden, und da scheint mir ein Umstand in Betracht zu kommen, auf den mein hochverehrter

Lehrer, Herr Prof. Cichorius, in seinen Vorlesungen über römische Geschichte hingewiesen hat und über den wir von ihm einen eingehenderen Nachweis noch erwarten dürfen. Am Schlusse der sehr zahlreichen Schlachtenschilderungen werden nämlich sehr oft bei Livius neben genauen Angaben von Toten und Verwundeten eine grosse Zahl erbeuteter signa als Siegestrophäen angeben. Prüfen wir nun in dieser Hinsicht eine Reihe von Fragmenten des Valerius Antias:

1. frgt. 31 (Livius XXXII. 6.) Valerius Antias intrasse saltum Villium tradit .... fusum fugatumque regem castris exutum; XII milia hostium eo proelio caesa, capta II milia et CC et signa militaria CXXXII, equos CCXXX.

2. frgt. 32 (Liv. XXXIII. 10). Si Valerio, qui credat omnium rerum immodice numerum augenti XL milia hostium eo die (quo ad Cynoscephalas pugnatum est) sunt caesa, capta V milia septingenti, signa militaria CCXLVIII.

An dieser Stelle hat Livius die Angaben des Antias denen des Polybius und Claudius gegenüber gestellt. Polybius berichtet nur: caesa eo die VIII milia hostium, V milia capta. Claudius: XXXII milia hostium caesa, capta IV milia CCC.

3. frgt. 39. (Liv. XXXVI. 19) quid si Antiati Valerio credamus LX milia militum fuisse in regio exercitu (ad Thermopylas) scribenti, XXXX inde milia cecidisse, supra V milia capta cum signis militaribus CCXXX?

4. frgt. 34. (Liv. XXXIII. 36.) in eo proelio (quod M. Claudius Marcellus in agro Comensi cum Gallis commisit) supra XXXX milia hominum caesa Valerius Antias scribit, LXXXVII signa militaria capta et carpenta DCCXXXII et aureos torques multos.

5. frgt, 41. (Liv. XXXVI. 38) duobus fere post mensibus P. Cornelius consul cum Boiorum exercitu signis conlatis egregie pugnavit. XXVIII milia hostium occisa Antias Valerius scribit, capta III milia CCCC, signa militaria CXXIV, equos MCCXXX, carpenta CCXXXXVI.

Zu diesen fünf Fragmenten will ich noch ein sechstes hinzufügen, das mir von besonderer Wichtigkeit zu sein scheint. Zwar wird Antias in diesem Falle nicht direkt zitiert. Durch eine Bemerkung lässt es aber Livius ausser Zweifel, dass er diesen Autor ausgeschrieben hat.

Antias wird zum ersten Male Liv. III. 5. 12. zitiert (frgt. 19). Livius scheint die Volsker- und Aequerkriege aus ihm geschöpft zu haben. Am Ende eines solchen Krieges heisst es: Difficile ad fidem est in tam antiqua re, quot pugnaverint ceciderintve exacto adfirmare numero, audet tamen Valerius Antias concipere summas: Romanos cecidisse in Hernico agro quinque milia octingentos, ex praedatoribus Aequorum, qui populabundi causa in finibus Romanis vagabantur, ab A. Postumio consule duo milia et quadringentos caesos. ceteram multitudinem praedam agentem, quae inciderit in Quinctium nequaquam pari defunctam esse caede, interfecta inde quattuor milia et exsequendo subtiliter numerum ducentos ait et triginta.

Dass Livius Antias an dieser Stelle nennt, verdanken wir also nur dem Umstande, dass Antias genaue Zahlenangaben über die Verluste in diesen Kämpfen gibt. Dies erscheint Livius als ein Wagnis „in tam antiqua re". Hätte Antias sich hier noch mit allgemeinen Wendungen begnügt, so hätten wir wohl die Quelle des Livius nicht erfahren. Aus diesem Zitate kann man nun den sicheren Schluss ziehen, dass Antias allein unter den Quellen des Livius Zahlenangaben für die ältere Zeit hatte. Das geht aus dem Anfange der von uns angeführten Stelle deutlich hervor (difficile ad fidem est u. s. w.). Dass Antias die Zahlen dann nur aus seiner eigenen Phantasie geschöpft haben kann, braucht man wohl nicht besonders zu betonen [1]).

Die Kämpfe mit den Volskern und Aequern dauern noch fort, und zwei Jahre später finden wir im 8. Kap. desselben Buches nach einer Niederlage der Volsker wiederum

---

[1]) Man kann sich des Eindrucks nicht erwehren, dass Livius an dieser Stelle ironisch mit Antias verfährt, wenn er sagt: „et exsequendo subtiliter numerum ducentos ait et triginta.

so detaillierte Verlustangaben der Feinde in genauen Zahlen ausgedrückt, dass sich von selbst die Vermutung aufdrängen muss, dass nur Antias dazu als Quelle gedient haben kann. Liv. III 8. 10. heisst es: tredecim milia quadringentos septuaginta cecidisse in acie ac fuga, mille septingentos quinquaginta vivos captos, signa viginti septem militaria relata in quibusdam annalibus invenio.

Wäre hier nämlich nicht unser Antias die Quelle, dann stände dieser ja nicht allein mit seinen Zahlenangaben „in tam antiqua re", und Livius hätte aus denselben Gründen wie in Kap. 5 seinen Gewährsmann auch an dieser Stelle nennen müssen. Mit den Worten: in quibusdam annalibus invenio deutet er ja aber geradezu auf die unter gleichen Verhältnissen schon vorher angeführte Quelle hin. Ich werde also auch diese Stelle als ein Zeugnis für meine Beweisführung in Anspruch nehmen können.

Ein oberflächlicher Blick zeigt uns nun, dass in den sicher aus Antias bezeugten Fragmenten die signa regelmässig wiederkehren, und man gewinnt den Eindruck, als ob ihre Glaubwürdigkeit auf dieselbe Stufe zu stellen ist, wie alle übrigen Zahlenangaben des Antias. Verstärkt wird dieser Eindruck durch das erste von den angeführten Beispielen. Es ist längst erkannt, dass der Sieg des Villius in allen seinen Einzelheiten eine freche Fälschung ist. Würdig charakterisiert Nissen den „Historiker" Antias mit Bezug auf diese Stelle. Dass nun unter den Lügenangaben auch die signa ihren Platz finden müsse, ist ein Beweis dafür, dass er diese bei einem vollständigen Siegesbericht für durchaus notwendig hielt. Hier würde sich nun allerdings die Angabe der signa schon dadurch als Lüge erweisen, dass es sich um angeblich griechische signa handelt, die es bekanntlich nicht gegeben hat. Auch lässt das letzte der Beispiele die Angabe der signa sehr bedenklich erscheinen, da wir hier das Bestreben des Antias erkennen, selbst in den frühesten Zeiten der Geschichte Roms seine grosse Vorliebe für Zahlen zum Ausdruck zu bringen. Ausdrücklich bezeugt uns Livius, dass er nur bei ihm diese Zahlenangaben gefunden habe.

Ich will aber auf die historische Glaubwürdigkeit der signa an sich nicht weiter eingehen, muss es doch schon befremdlich wirken, wenn in einer unbedeutenden Schlacht in Gallien oder Ligurien die grosse Zahl von 100, 200 und noch mehr Feldzeichen erbeutet wird, sondern ich will vor allem darauf hinweisen, dass solche Angaben von signa capta allein bei Antias, sonst aber bei keinem Annalisten nachweisbar sind. Dass dies kaum ein Zufall sein kann, beweist auch das zweite unserer Beispiele, wo Livius die Angaben des Polybius, Claudius und Antias einander gegenüberstellt und es auffallen muss, dass Antias allein die signa erwähnt.

Es liesse sich nun unsere Zusammenstellung noch um einige Beispiele vermehren, wo signa militaria angeführt werden und Antias ganz in der Nähe zitiert wird, so dass seine Benutzung die grösste Wahrscheinlichkeit für sich hat.[1]) Oder ich könnte noch einige Liviusstellen heranziehen, in denen in gleich detaillierter Weise, wie in Frag. 34 u. 41 Zahlenangaben gegeben werden[2]). Da sich aber Zeugnisse anderer Schriftsteller für die signa überhaupt nicht beibringen lassen, erscheint es mir schon auf Grund der angeführten Fragmente sehr wahrscheinlich zu sein, dass auch bei solchen Stellen, wo Antias für die signa nicht ausdrücklich zitiert wird, er in erster Linie zu vermuten ist.

In den sicheren Antiaszitaten muss auch die Angabe von carpenta auffallen. Wenn nämlich gegen Gallier gekämpft wird, so werden fast regelmässig mehrere 100 Wagen

---

[1]) Z. B. XXXXI. 26. 5. (c. 27. 2. wird Antias zitiert), oder XXX. 18. 13 (c. 19. 11. cit.,) oder XXX. 7. und XXX. 35—36 (XXX. 3. 6 und XXX. 29. 7. cit.). An den beiden letzten Stellen können wir die Angaben des Antias durch Polybius und Appian prüfen. Diese haben weder Fahnen noch Elefanten.

[2]) Z. B. XXXI, 21. 17. u. 18. und XXXV. 5. 13. u. 14. c. 2. 8. wird Antias zitiert; von da bis c. 5 ist alles eine fortlaufende Erzählung).

erbeutet. Es ist aber ausgeschlossen, dass die Gallier, die nun schon seit zwei- bis dreihundert Jahren in Ober-Italien ihre festen Sitze haben, um diese Zeit noch mit Wagen in den Kampf ziehen. In diesen Fällen ist es wahrscheinlich wieder Antias, der eine Sitte der Cimbern und Teutonen auf die Gallier übertragen hat.

Durch die signa militaria capta haben wir nun ein Mittel gewonnen, wodurch wir mit grosser Wahrscheinlichkeit eine Reihe von Kriegsberichten auf Antias zurückführen können. Vergleicht man aber wiederum die Berichte, in denen Feldzeichen erwähnt werden, untereinander, so ergeben sich neue Merkmale, die nur für diesen Autor charakteristisch zu sein scheinen.

In den ausführlichen Schlachtenschilderungen fällt oft die grosse Zahl der Namen von Legaten, Kriegstribunen und Präfekten auf, die an einer Schlacht teilgenommen haben sollen. Gewiss wäre es an und für sich durchaus nicht unmöglich, dass der Name eines Offiziers, der sich in irgend einer Schlacht ausgezeichnet hat, der Nachwelt überliefert worden ist, wenn das Bestreben des Verfassers dieser Berichte nicht oft deutlich dahin zielte, nur genau angeben zu können, wer die Legionen, wer die Reiterei, wer die Bundesgenossen führte, und wen der Feldherr womöglich noch zu seiner persönlichen Unterstützung um sich hatte, und wenn diese Name nicht in solchen Schlachtenschilderungen ständen, deren bekanntes Schema immer wiederkehrt. Ist die Schlacht für die Römer besonders blutig und verlustreich, dann erfahren wir auch die Namen von gefallenen Offizieren, allerdings nicht immer bei den Schlachtenberichten selbst, sondern oft erst bei den Senatsverhandlungen über den Triumph des Feldherrn. Eine Prüfung dieser Angaben ergibt, dass die Namen für uns eben nur blosse Namen bleiben können. Zuweilen allerdings kommt es auch vor, dass gewesene Konsuln genannt werden. In den weitaus meisten Fällen aber sind es vollständig unbekannte, nur an dieser einen Stelle erwähnte Personen aus bekannten Geschlechtern der Gracchenzeit und der Bürgerkriege, unter denen die Valerier natürlich nicht fehlen dürfen [1]). Herrn Prof. Cichorius verdanke ich die gütige Mitteilung, dass fast regelmässig die Namen dieser Offiziere auch in den Stammbäumen der betreffenden Familien überhaupt nicht unterzubringen sind. Wir werden also diese Namen für keine historische Ueberlieferung anzusehen haben. Es sind vielmehr Fälschungen, die in der Absicht ausgeführt sind, die Darstellung zu beleben. Wenn wir nun in Verbindung mit diesen Namen am Schlusse solcher Schlachtenberichte die signa capta finden, so werden wir wohl nicht fehlgehen, wenn wir auch dafür Antias verantwortlich machen, zumal in den Fragmenten der anderen Annalisten solche Namen ebenso wenig wie die signa zu finden sind. Als Beispiele mögen folgende Stellen dienen:

XXXI. 21., XXXV. 4—5 (c. 2 A. cit.), XXXIII 36. (A. cit.), XXXIII. 22, XXX. 18 (c. 19 A. cit.) III, 5 (A. cit.) XXXIX. 31. XL. 30—34, X. 14. XXVI. 5—6. XXVI. 47—48.

Eine weitere Eigentümlichkeit, auf die mich Herr Professor Cichorius hingewiesen hat, tritt uns bei Livius damit entgegen, dass bereits vom 2. Jahrhundert an, aber nur in ganz bestimmten, charakteristisch sich abhebenden Partieen numerierte Legionen vorkommen. Gewiss hat schon lange die Sitte bestanden, die Legionen, die alljährlich ausgehoben wurden, durch Nummern zu unterscheiden [2]). Diese hätten dann aber nur für ein Jahr gegolten, da am Ende des Jahres gewöhnlich die Legionen entlassen wurden [3]). Wenn wir nun trotzdem für die frühesten Zeiten solche genaue Angaben finden, so muss man sich fragen, wie haben die Annalisten das in ihrer Zeit noch feststellen können. Auch dass gefallene Offiziere ganz bestimmten Legionen zugewiesen werden, erscheint nicht gut möglich [4]). Sind doch

---

[1)] Einige Beispiele werden wir bei Besprechung der einzelnen Schlachtenberichte näher beleuchten.
[2)] z. B. Polyb. I. 26. 30; Cato p. 73. (Jordan).
[3)] vgl. Marquardt: Röm. Staatsverwaltung III p. 439.
[4)] vgl. Marquard l. l.

schon die Namen dieser Offiziere, wie ich oben bereits zu zeigen versuchte, sehr oft erfunden. Inschriften darüber kommen erst seit der Zeit Cäsars vor. Sieht man sich aber bei Livius die betreffenden Stellen genauer an, so findet man, dass numerierte Legionen nur in Schlachtenschilderungen genannt werden, bei denen wir dann meistens durch die signa und durch die eingeschmuggelten Namen Antias als Quelle feststellen können. Dagegen sind sie in den Fragmenten der anderen Annalisten nicht nachweisbar. Also werden wohl auch sie von Antias erfunden, und es wird ihr Vorkommen bei Livius für die Quellenbestimmung zu verwenden sein. Als Beispiele nenne ich folgende Stellen, bei denen ich immer alle gleichzeitig vorkommenden Merkmale für Antias erwähnen will.

XXXV 4—5 (grosse und genaue Zahlen, signa, Namen von Offizieren num. Legionen, Wagen, c. 2 Antias cit.).

XL 30—33 (grosse Zahlen, signa, Namen von Offizieren num. Legionen).

XXXIX 30—31 (grosse Zahlen, signa, Namen von Offizieren, num. Legionen).

XXX 18 (genaue Zahlen, signa, Namen von Offizieren, num. Legionen).

XXXIII 36 (grosse Zahlen, signa, Namen von Offizieren num. Legionen, Wagen.) (Antias cit.)

XXVI 5—6 (signa, Namen von Offizieren, num. Legionen).

XXV 47—49 (signa, Namen von Offizieren, num. Legionen, Antias cit.).

X 14 (signa, Namen von Offizieren, num. Legionen) (X 18 num. Legionen).

XLI 1—5 (Namen von Offizieren, num. Legionen).

XXXIV 46—47 (Namen von Offizieren, num. Legionen).

XXXIV 15 (num. Legionen, Antias cit.).

Zu diesen Merkmalen für Antias füge ich nun noch eins hinzu, auf das wiederum bereits Herr Prof. Cichorius in einem Aufsatze: „Ueber das Geschichtswerk des Sempronius Tuditanus" (Wiener Stud. 1903) aufmerksam gemacht hat. Er stellt dort fest, „dass es eine Gepflogenheit des Antias ist, bei den Triumphen und dergl. genaue Angaben über die einzelnen Geldsorten zu machen, (vgl. z. B. fragm. 53, 54, 24, sowie Liv. XXXVIII 54 = fragm. 45: has ego summas auri et argenti relatas apud Antiatem inveni) und dass eben Livius diese dann aus ihm zu übernehmen pflegt".

Mit Hilfe der nun gewonnenen Merkmale wird es uns in den meisten Fällen leicht fallen, Antias an den Stellen, wo er von Livius benutzt ist, als Quelle zu bestimmen. Besonders bei den ausführlichen Schlachtenschilderungen werden wir selten in Verlegenheit sein, den Gewährsmann des Livius festzustellen. Und das wird stets auf die Kritik der Berichte einen grossen Einfluss ausüben. Denn das Urteil über Antias ist wohl feststehend, dass er der unzuverlässigste aller römischen Annalisten ist. Wir sind in der Lage, seine Kriegsberichte mit denen des Claudius zu vergleichen. In der 3. Dekade lassen sich wohl mit Wahrscheinlichkeit eine Reihe grösserer Abschnitte auf diesen Gewährsmann zurückführen[1]). Wir vermissen da alles, was wir als spezifisch antiatisch kennen gelernt haben. Des Claudius Art scheint es zu sein, ausführliche Beschreibungen der Oertlichkeit, der Befestigungen, der allgemeinen Lage der Dinge zu geben. Man verspürt manchmal bei seinen Berichten den Hauch einer gewissen Romantik[2]). Dagegen hört man bei Antias nur von Schlachtgeschrei und Kriegsgetümmel. Der Krieg beginnt mit der Schlacht und hört mit ihr wieder auf. Für ihn war diese der Glanzpunkt seiner Kriegsgeschichte. Alles andere musste davor versinken und wurde als Nebensache übergangen. Es musste allerdings auch übergangen werden, so lange der Annalist

---

[1]) z. B. XXV 36—39. Am Schlusse des Berichtes werden Claudius, Piso u. Antias zitiert. Aus den Abweichungen, die Antias u. Piso zu der vorangegangenen Erzählung haben, ergibt sich, dass Claudius die Quelle für diese Partie sein muss. Ferner ist XXVI 40—46, XXVII 17—20, XXVIII 12—16, XXIX 33—34 sicher nicht Antias benutzt, da wir in diesen Abschnitten nichts von dessen Eigentümlichkeit finden. Soltau vermutet auch Claudius.

[2]) z. B. XXV 36—39, XXXV 11, XXVIII 12—16 u. s. w.

auch hier nicht aus seiner Phantasie schöpfen wollte, was
er ja bis zum Ueberdruss mit nur geringer Gestaltungskraft
bei den Schlachtengemälden tat. Denn die alten Quellen
werden über die Gallier- und Ligurerkriege am Beginn des
2. Jahrhunderts v. Chr. selten mehr gewusst haben, als
die Tatsache, dass man gekämpft und dass der eine oder
der andere Feldherr triumphiert hat. Immerhin würden wir
für dieses Bestreben des Antias ein gewisses Verständnis besitzen, da es ja der Absicht entspringt, seine Darstellung
interessant zu gestalten und wir würden auch gern alle
Details, die er mit seiner Schilderung verwebt, in den Kauf
nehmen, wenn nicht damit sehr oft eine Verschleierung der
wirklichen Vorgänge, eine Entstellung der Tatsachen, ja oft
sogar eine grobe Fälschung der Geschichte Hand in Hand
gehen würde. Zunächst kennzeichnet ihn, wie alle römischen
Annalisten, das eifrige Bemühen, das Unangenehme und Ungünstige zu entschuldigen, zu vertuschen, womöglich ganz
zu verschweigen. Wo es angeht, wird der Versuch nicht
unterlassen, römische Niederlagen in Siege der römischen
Waffen zu verwandeln. Dann genügte das ihm zugängliche
Material oft leider nicht. Es gab genug ereignisarme Perioden, aus denen nicht viel zu berichten war. Das befriedigte
ihn nicht und konnte nach seiner Meinung auch sein Leserpublikum nicht befriedigen. Er fühlte sich also gezwungen,
etwas zu erzählen, und so erdichtete er entweder neue Dinge
oder er leitetete aus Tatsachen, die sich früher oder später
ereignet hatten, neuen Stoff für seine Zwecke ab. Schliesslich
ist dieses ganze Streben bei ihm noch von der Sucht begleitet, das Geschlecht der Valerier überall in den Vordergrund zu schieben. So erscheint diese Gens in der ältesten
Zeit der Republik, von der man so gut wie gar nichts wusste,
als die verdienstvollste und mächtigste. Aber er sorgt auch
dafür, Mitglieder anderer von ihm bevorzugter Geschlechter
einen bleibenden Nachruhm zu verschaffen.

Wir werden deshalb bei den Berichten über die Gallier-
und Ligurerkriege, wo wir Antias als Quelle feststellen können,
dieser Erkenntnis Rechnung tragen müssen. Wir werden

dabei gut tun, uns lieber mit einfachen Tatsachen zu begnügen als irgend eine breite, ausführliche Schilderung des Antias, die durch die Verhältnisse in keiner Weise gerechtfertigt ist, als eine historische Ueberlieferung hinzunehmen. Ja wir werden oft an Tatsachen, die er überliefert hat, den strengsten Massstab der Kritik anlegen müssen und sie eher preisgeben, wenn sie geeignet sind unser Misstrauen zu erwecken, als auf sie die Geschichte jener Unterwerfungen aufzubauen.

Die Volksstämme in Oberitalien.

Um das Jahr 200 bezeichnet ungefähr die Linie Pisae-Ariminum die Grenze des römischen Einflusses. Nördlich dieser Linie teilten sich in das Land bis zu den Alpen Ligurer und Gallier und zwar so, dass die Ligurer fast ausschliesslich auf den obersten Teil der steinigen und unfruchtbaren Talebene des Padus und des Tanaro und auf die Gebirgskette des Apennin samt der felsigen Meeresküste, die sich von den Westalpen bis zum Arnus hinzieht, beschränkt waren, während die Gallier die fruchtbare Ebene zu beiden Seiten des mittleren Padus innehatten. Von diesen beiden Völkern waren die Ligurer die älteren in Italien. Die Abstammung und der Ursprung dieses Volkes, von dem ausser in Italien nur noch in Südgallien einige Stämme vorhanden waren, ist in Dunkel gehüllt, und leider ist auch ihre Sprache, die uns Aufschluss geben könnte, völlig verschollen. Zu unserer Zeit kann von einem einzigen grossen Volke längst nicht mehr die Rede sein, sondern es sind eine grosse Anzahl kleiner Stämme, die als Ligurer bezeichnet werden, und die politisch ohne ein einigendes Band sind. Keine Spur deutet bei ihnen mehr darauf hin, dass sie jemals ein einiges Volk waren, dass sie einst eine Geschichte, eine grosse Vergangenheit gehabt hatten. Es sind wohl die Reste eines untergehenden Volkes, die uns um 200 v. Chr. in den Ligurern noch begegnen, und nur ihre frühe Erwähnung in der hellenischen Literatur[1]), wo sie als das Volk des Westens bezeichnet werden, lässt darauf schliessen, dass sie auch ehemals zu den grossen Völkern der Erde gehört haben. In Oberitalien reichten ihre Sitze einst bis weit in die Poebene hinein. Durch die Ankunft der Kelten wurden sie aber in das Gebirge zurückgedrängt und mussten dort in hartem Daseinskampfe dem steinigen und unfruchtbaren Boden ihren Lebensunterhalt abgewinnen[2]). Wegen ihrer guten militärischen Eigenschaften, ihrer Kraft, Gewandtheit und Ausdauer wurden sie in auswärtigen Heeren als Söldner sehr geschätzt. Dass sie aber in so grossen Scharen fremde Kriegsdienste aufsuchten, dazu mag ebenso die Uebervölkerung der Grund gewesen sein, wie der Wunsch, leichter und angenehmer das Brot zu verdienen. Sie betrieben auch die Schifffahrt und waren als kühne Seeräuber gefürchtet. Unter den zahlreichen Stämmen spielt keiner eine besonders hervorragende Rolle. Vielleicht ist der bedeutendste unter ihnen der am weitesten nach Süden vorgeschobene Stamm der Apuaner, der wohl Rom den zähesten Widerstand entgegengesetzt hat. Seine Wohnsitze erstreckten sich bis zu den Grenzen von Pisae und reichten nach Norden über Luna hinaus bis in das Gebiet der oberen Macra. In der heutigen Landschaft Garfagnana lebt sein Name noch in den Apuaner Alpen, die von dem Volksmund gewöhnlich Alpi Panie genannt werden, fort[3]). Oestlich von ihnen auf der der Emilia zugekehrten Seite des Apennin sassen die Friniaten, deren Name sich in der Gebirgslandschaft Frignano erhalten hat. Nördlich von den Apuanern folgen dann einige Stämme, deren Gebiet sich nicht sicher bestimmen lässt. Es sind dies die Veleiaten, Celeiaten, Celinen, Cerdiciaten, Ilvaten[3]) und Briniaten. Alle

---

[1]) Hesiod bei Strabo VII p. 300.
[2]) Vgl. die auf eigene Anschauung beruhende Schilderung ihres Lebens von Posidonius bei Strabo III p. 105, IV p. 202 V. p. 218 und Diodor V. 39. IV 20 (wahrscheinlich aus Posidonius).
[3]) S. Nissen, Ital. Landeskunde II p. 232.
[3]) Dieser Stamm mag wohl Beziehungen zur Insel Ilva gehabt haben.

diese Stämme bis auf den letzteren werden in Verbindung mit den Kämpfen um Placentia genannt. Wir werden ihnen also ungefähr das Gebiet, welches die Städte Genua, Luna, Clastidium und Placentia umschliessen, als ihre Wohnsitze zuschreiben können. Die Veleiaten scheinen durch das Municipium Veleia örtlich bestimmt zu sein, während die Peutinger'sche Tafel ihnen unter der etwas entstellten Form „Veliate" einen grossen Länderstrich am Südabhange des Apennin östlich von Genua zuweist. Beides kann seine Richtigkeit haben. Denn Plinius III 47 u. 116 nennt sowohl in der 9. Region als auch in der 8. einen Volksstamm der Veleiaten, die letzteren mit dem Beinamen der Regiaten. Die Veleiaten werden nun von Plinius als ein bedeutender Stamm erwähnt, und auch der Umstand, dass sie in der Peutinger'schen Tafel aufgezeichnet sind, mag dafür sprechen. Sehr merkwürdig ist es nun, dass sie bei Livius gar nicht genannt werden. Dagegen kennt er gerade in denselben Gegenden die Celeiaten, Celinen, Cerdiciaten, Ilvaten, alles Namen von Völkern, die sonst bei keinem anderen Schriftsteller vorkommen. Es wäre möglich, dass zwischen ihnen und den Veleiaten irgend ein Zusammenhang besteht. In den bereits genannten Briniaten sehen manche Forscher dasselbe Volk wie in den Friniaten. Andere glauben, dass der Name der Briniaten noch im heutigen Brignolo in Montferrat oder im Distrikt Brugnato zu finden sei. Ganz unbekannt und jedenfalls auch sehr unbedeutend sind 3 Stämme, die nur einmal ganz flüchtig bei Livius (XLI 19) erwähnt werden, die Garuler, die Lapiciner und die Hergaten. Nach der Livius-Stelle müssen sie am Südabhange des Apennin zwischen Genua und Luna gesessen haben. Danach könnten sie sowohl zu den Apuanern als auch zu den Veleiaten gehört haben. Genaueres wissen wir über die Sitze der Völker, die östlich und nördlich von Genua wohnten, da uns hier durch ihre Städte ein örtlicher Anhaltspunkt gegeben ist. Also sind die Ingauner durch Albingaunum bestimmt, die Intimelier durch Albintimelium, die Bagienner durch Augusta Bagiennorum und die Statieller durch Aquae Statiellae. Schliesslich wird noch in den Triumphalfasten unter den Jahren 588 und 596 a. u. c. ein ligurisches Volk der Eleaten genannt, für die uns sonst leider nirgends ein Anhaltspunkt gegeben ist.

Die Gallier in Oberitalien zerfallen auch in eine grössere Anzahl von Stämmen. Ihre erste Ankunft setzt man wohl zu früh um das Jahr 600 an; sie wird höchstens einige Jahrzehnte vor die Zerstörung Roms fallen. Sie sind in mehreren Zügen über die Alpen gekommen und haben die fruchtbarsten Landstrecken Nord-Italiens in Besitz genommen. Obwohl ihre Gebiete nur dünn bevölkert waren, dienen auch sie in fremden Heeren als Söldner. Es trieb sie eben die Lust an Abenteuern und die Freude am Kampf dazu, die immer noch in ihnen lebte. Als die drei Hauptstämme werden in den Kämpfen nach dem zweiten punischen Kriege die Boier, Insubrer und Cenomanen genannt. Die südlichsten von ihnen waren diesseits des Po das mächtige und ausgebreitete Volk der Boier. Ihre Wohnsitze lagen in der heutigen Emilia zwischen dem Po und dem Apennin. Sie sollen nach Cato 112 Gaue gehabt haben[1]. Ihre Hauptstadt war die alte etruskische Stadt Felsina, die sie Bononia umgenannt hatten. Ehemals waren ihre Nachbarn die von den Römern vernichteten keltischen Senonen. Zu unserer Zeit grenzten an sie noch im Osten gegen das Meer und das Po-Delta hin die Lingonen und im Nordwesten die Anamaren. Das Bündnis mit den letzteren ermöglichte Rom im Jahre 223 v. Chr. das Vordringen in das Insubrerland. Sonst aber sind diese beiden Völker ohne historische Bedeutung. Nördlich des Po von Placentia bis hinauf nach Comum und zwischen Addua und Ticinus und noch über diesen hinaus sassen die Insubrer. Sie sollen von den Kelten zuerst über die Alpen vorgedrungen sein. Jedenfalls hatten sie den fruchtbarsten und schönsten Teil der Poebene in Besitz genommen. Polybius II 17. nennt sie das grösste von den keltischen Völkern in Oberitalien. Ihre

---

[1] Cato bei Plinius III 116.

Hauptstadt Mediolanum soll von ihnen gleich nach ihrer
Ankunft gegründet worden sein. Nach Osten schlossen sich
an sie bis zu dem Gebiete der Veneter hin die Cenomanen
an. Als ihre Hauptorte werden Brixia und Verona genannt.
Sie erscheinen fast stets in Waffengemeinschaft mit Rom.
Nur einmal treten sie auf Seite der Insubrer als Feinde
auf, fallen aber noch während des Kampfes ab. Nicht zu
der eben besprochenen Völkergruppe gehörig, aber wohl auch
keltischer Abstammung sind zwei Völker im äussersten
Westen des Polandes, die Tauriner am Oberlaufe des Po
und an der Dora Riparia und die Salasser nördlich von
diesen im Thal der Dora Baltea[1]). Im Jahre 225 nahmen
die Tauriner am Keltenzuge gegen Rom teil, traten aber
beim Ausbruch des zweiten punischen Krieges auf die Seite
Roms. Die Salasser waren wichtig wegen der in ihrem Gebiete
befindlichen Goldwäschereien. Schliesslich werden
noch zwischen Taurinern und Insubrern in dem Landstriche,
der von dem Durius und dem Ticinus begrenzt
wird, die Libeker und Laever genannt. Lange hielt man
sie für Ligurer. Nissen hat wohl mit Recht ihre keltische
Abstammung betont[2]). In unserer Periode werden sie kaum

---

[1]) Die keltische Abstammung der Tauriner verteidigt Nissen:
Ital. Landeskunde II p. 163. Er verwirft damit die Zeugnisse des
Strabo IV. 6, 6 p. 204 und des Plinius n. h. 3. 123, die beide sie als
Ligurer bezeichnen. Holder: Alt-Celtischer Sprachsatz II 1760 ff.
hat wahrscheinlich mit Rücksicht auf diese alten Zeugen die Tauriner
als Ligurer bezeichnet. Eine unbedingt sichere Entscheidung lässt
sich meiner Meinung nach hierüber nicht fällen. Sie für Ligurer zu
halten, ist ein Wagnis wegen der zu deutlich zu Tage tretenden
Namensverwandschaft mit den keltischen Tauriskern — selbst Holder
lässt den keltischen Ursprung des Namens gelten — und wegen ihrer
Beteiligung an dem grossen Keltenzuge gegen Rom im Jahre 225.
Ferner lässt es sich doch beobachten, dass die Ligurer fast ausschliesslich
auf den Küstensaum beschränkt sind. Hier würde also
eine auffallende Ausnahme vorliegen. Zum mindesten ist man also
zu der Annahme gezwungen, dass die ehemals hier ansässige
ligurische Bevölkerung mit den eindringenden Kelten sich stark vermischt
hat (vgl. Liv. XXI. 38. 5: Taurini Semigalli . . .)

[2]) Nissen II p. 177 vergl. Polyb. II 17, 4, wo sie direkt als
Kelten bezeichnet werden.

noch erwähnt, ein Beweis für ihre geringe Bedeutung. Man nimmt an, dass sie sich den Insubrern angeschlossen hatten und dann deren Schicksal teilten. Doch scheint es mir wahrscheinlicher, dass sie seit dem grossen Keltenkriege (225—222 v. Chr.) die römische Oberherrschaft anerkannten und sich nicht mehr gegen Rom erhoben gleich ihren Nachbarn, den Taurinern. Dies würde wohl besser zu der Tatsache passen, dass sie in den Kämpfen nach dem zweiten punischen Kriege nicht mehr erwähnt werden. Einmal werden sie allerdings genannt, aber nicht als Gegner Roms. (Liv. XXXIII 37.6). Es wird da unter dem Jahre 196 v. Chr. berichtet, dass ein Boierhaufe ihr Gebiet verwüstet habe[1]). Auch dies würde dafür sprechen, dass sie damals nicht mehr mit den Kelten gemeinsame Sache machten.

Ausser Galliern und Ligurern sassen nur noch die ihrer Abstammung nach illyrischen Veneter in Oberitalien in der Ebene zwischen Padus, Adria und den östlichen Voralpen. Den Kelten gegenüber fremd schlossen sie sich frühzeitig Rom als treue Bundesgenossen an und sie spielen deshalb in der späteren Kriegsgeschichte weiter keine Rolle mehr.

Kolonien und Strassen.

Rom sicherte seine im Kriege erreichten Erfolge durch die Anlegung von Militärstrassen und Kolonien. In der Art und Weise wie dies geschah, lag ein streng durchgeführtes System, und es gilt geradezu der Satz, dass Rom dadurch Italien unterworfen hat. Auch in Oberitalien hatte Rom bereits vor dem zweiten punischen Kriege in dieser Hinsicht die Unterwerfung angebahnt. Nach der Vernichtung der senonischen Gallier war zunächst nach Ariminum eine Kolonie geführt worden (268 v. Chr.). Diese Kolonie gewann bald durch ihre Lage die allergrösste militärische Bedeutung. „Es gibt keine Festung des alten Italiens, die so

---

[1]) Das eine Volk wird zwar an dieser Stelle Libui genannt, doch nimmt man allgemein an, dass damit die Libeci gemeint sind.

oft in der Kriegsgeschichte dem Leser begegnet"[1]). Ihre Bedeutung wuchs, als im Jahre 220 der Censor C. Flaminius die 212 Millien lange Militärstrasse von Rom nach Ariminum führte, die nach ihm benannte via Flaminia. Nun wurde Ariminum der Schlüssel zu Gallia Transpadana und der Ausgangspunkt aller militärischen Unternehmungen gegen die Kelten in Italien. Einen ähnlichen sichern militärischen Stützpunkt schufen sich die Römer am Po im Herzen des Keltenlandes, als sie unmittelbar vor Abbruch des zweiten punischen Krieges im Jahre 218 nach Cremona und Placentia Kolonien schickten. Die Lage dieser beiden Festungen — Placentia lag am rechten, Cremona weiter östlich am linken Ufer des Po beim Einflusse der Addua — war insofern sehr wichtig, als gerade in dieser Gegend die Grenzmarken der drei bedeutendsten keltischen Völker, der Boier, Isubruer und Cenomanen, zusammenstiessen. Nach Cremona und Placenita hatte man die stattliche Zahl von je 6000 Kolonisten gelegt, und deshalb vermochten wohl diese jungen Gründungen, ebenso wie Ariminum, den schweren Stürmen des hannibalischen Krieges zu trotzen. Nach Beendigung dieses Krieges musste ihr Besitz bei der Wiedereroberung der verloren gegangenen Gebiete für die Römer von grossem Nutzen sein.

Von Ariminum nach Cremona und Placentia zu gelangen, war für die römischen Heere keine leichte Aufgabe, da eine Strasse noch nicht existierte. In der Richtung der späteren via Aemilia vorzudringen, war aber sehr gefährlich. Denn das Gebiet war teilweise sumpfig, und die Boier waren stets auf ihrem Posten. Ebenso war der Marsch mehr seitwärts in dem hügeligen, waldreichen Gelände des nach der Ebene abfallenden Apennin mit grossen Schwierigkeiten für die schwerfälligen römischen Legionen verbunden, sowohl wegen der Unkenntnis der Oertlichkeit, als auch wegen der Gefahr eines Hinterhalts. Deshalb wählten die römischen Feldherrn lieber einen Umweg, der aber dafür durch sicheres,

---

[2]) Nissen II, p 248.

offenes Gelände führte. Sie marschierten von Ariminum aus direkt nach Norden entweder an der Küste entlang oder durch das ebene Land der Lingonen. Falls sie nun noch den Po überschritten, berührten sie die Gebiete der befreundeten Veneter und Cenomanen. In dieser Weise drangen die Römer in unserer Periode gewöhnlich auch vor, wenn sie das Land der Insubrer erreichen wollten. Doch standen ihnen noch andere Zugänge in diese Gebiete offen, die zwar nicht so ungefährlich waren, wie der eben geschilderte weite Umweg über Ariminum, die aber dafür den Vorteil hatten, weit kürzer zu sein. Es galt durch Etrurien zu marschieren und einen der Apenninpässe zu überwinden. Den Römern bekannt war sicher der gangbarste der westliche Pässe, der von Pontremoli. Der Verlauf des ganzen Marsches war bei Benutzung dieses Passes nach Jung[1]) etwa folgender: Von Etrurien aus durch das Tal der Macra nach Pontremoli. Von hier aus entweder in nordwestlicher Richtung über den Bratellopass durch die Täler des Taro und des Ceno nach Veleia und von da nach Placentia; oder in nordöstlicher Richtung über den Cisapass in die Gegend von Parma[2]). Wenn die Ligurer nicht ruhig blieben, so war dieser Marsch natürlich ein Wagnis. Doch scheinen die römischen Heere ihn ausgeführt zu haben, da man wohl anders kaum das per Ligures in Boios venire des Livius (z. B. XXXV 22.) verstehen kann. Das Gebiet der Ligurer musste auch passiert werden, wenn man nach Genua gelangen wollte, um von da aus den gangbaren Weg über Libarna und Dertona nach Placentia benutzen zu können, sofern man nicht vorzog, den Seeweg zu wählen. Wollte man sich recht schnell gegen die Boier wenden, so zogen die Römer auch über einen der östlichen Apenninpässe. Der Weg führte dann durch Umbrien das Tibertal aufwärts hinein in das Tal des Sapis. Livius bezeichnet diese Marschrichtung mit den Worten: per

---

[1]) Jung: Hannibal bei den Ligurern. Wiener Stud. 24. Jahrg.
[2]) vgl. Schütte: Der Apenninenpass des Monte Bardone und die deutschen Kaiser. Berlin 1901.

Umbriam, qua tribum Sapiniam vocant, agrum Boiorum invadere. (Liv. XXXI 2. 6. und XXXIII 37. 1).

Gegen die Ligurer war in der Weise wie gegen die Gallier noch nichts geschehen, obwohl schon vor dem zweiten punischen Kriege mehrere römische Feldherrn über sie triumphiert hatten. Wir hören aber nicht, dass ein bestimmtes Volk sich damals unterworfen hat, und da am Beginne unserer Periode die wichtigsten Stämme noch unbesiegt dastehen, — vor allem die südlichsten an der Grenze von Etrurien wohnenden, die Aquaner und die Friniaten, gegen die sich doch zunächst die römischen Waffen hätten richten müssen, — so kann man nur annehmen, dass die Erfolge, die vielleicht damals errungen wurden, in den Stürmen des hannibalischen Krieges wieder verloren gegangen sind. Als militärische Stützpunkte dienten jetzt die etruskischen Städte, besonders Pisae, manchmal Arretium. Wollte man die Ligurer angreifen, so stand man vor der schwierigen und gefährlichen Aufgabe, sich in ihre unwegsamen Täler und Berge einen Weg zu bahnen. Da Gallien vor Ligurien unterworfen und noch regelmässig in den ersten Jahren nach der Unterwerfung in Gallien Heere aufgestellt wurden, so trat auch oft der Fall ein, dass bei unvermuteten Erhebungen römische Heere von Norden oder Westen her in Ligurien eindrangen.

Im allgemeinen werden wir auf eine geographische Grundlage bei den annalistischen Kriegsberichten verzichten müssen. Denn leider legten die Annalisten auf eine Darstellung der örtlichen Verhältnisse zu wenig Wert, und fast nie ist es möglich, sich über die Marschrichtung oder über die Bewegungen der Heere ein klares Bild zu machen. Das geringe Material, das sie vorfanden, wurde von ihnen bei vollständiger Unkenntnis der Oertlichkeit erweitert, meistens natürlich nur mit allgemeinen Ausdrücken, wie per montes, aperto itinere u. s. w. Oefter allerdings schweigen sie darüber ganz.

1. Teil.

Die Unterwerfung der Gallier in Oberitalien[1]).

Schon oben habe ich es als die Aufgabe des römischen Volkes nach der glücklichen Beendigung des 2. punischen Krieges bezeichnet, die abgefallenen Völker von neuem zu unterwerfen. Am meisten traf dies für die Gallier in Oberitalien zu. Durch deren Abfall waren die Früchte schwerer Kämpfe und grosser Opfer verloren gegangen. Zwar hatten sich die beiden am weitesten vorgeschobenen Bollwerke, Cremona und Placentia, mit bewunderungswürdiger Ausdauer während des langen Krieges gehalten, dennoch war die Gefahr nach der Niederlage Hannibals keineswegs beseitigt. Es kochte und gährte da oben[2]), und für die dort kommandierenden römischen Feldherrn war die grösste Aufmerksamkeit geboten. Ein Glück für Rom war es, dass die Veneter und Cenomanen dem allgemeinen Abfall nicht ge-

---

[1]) Die Kriege in Oberitalien sind entsprechend ihrer geringen Bedeutung gegenüber den gleichzeitigen grösseren Ereignissen in den Darstellungen der römischen Geschichte nur in ganz engem Rahmen behandelt. Ich verweise deshalb nur auf die betreffenden Abschnitte in Ihnes römischer Geschichte, der am ausführlichsten darüber spricht und auf die Ausführungen Mommsens in seinem Werke, der neben den wichtigsten Tatsachen eine allgemeine Würdigung dieser Kämpfe gibt.

[2]) Liv. XXXI. 8. 11.: consules duas urbanas legiones scribere iussi, quae, si quo res posceret, multis in Italia contactis gentibus Punici belli societate inde tumentibus, mitterentur.

folgt waren. Dadurch waren wenigstens noch nicht alle Beziehungen abgeschnitten. Eine Garantie für die Zukunft boten aber auch sie nicht, solange die Boier und Insubrer, sicher die beiden mächtigsten Völker unter den Galliern diesseits der Alpen, wider Rom unter Waffen waren. Von diesen war nie zu hoffen, dass sie die harten Strafen, mit denen Rom die abgefallenen Völker zu züchtigen pflegte, gutwillig auf sich nehmen würden.

Vor der Hand konnte aber Rom an einen Rachekrieg gegen die Gallier nicht denken. Das Volk war zu erschöpft, und jeder Krieg war unpopulär. Es ist bekannt, mit welchen Schwierigkeiten der Senat den Krieg gegen Philipp von Macedonien durchsetzte. Schliesslich gelang es, und diese neue Aufgabe war dann wichtiger. In Gallien kam es deshalb zunächst nur darauf an, jeden Krieg hinzuhalten und auf der Hut zu sein. In den letzten Jahren des 2. punischen Krieges waren regelmässig in Ariminum und in Pisae Heere aufgestellt worden[1]). Aber Taten werden diese kaum ausgeführt haben: dazu waren sie zu schwach. Livius nennt zwar stets zwei Legionen, doch muss man solchen Angaben gegenüber vorsichtig sein[2]). Jedenfalls hören wir nichts von Erfolgen. Es bestand nun sicher die Absicht, diese Aufstellung der Heere als eine Art Grenzwache im Norden in den nächsten Jahren noch beizubehalten, wenigstens so lange, bis die macedonische Frage erledigt sein würde. So wurde für das Jahr 201 dem Konsul des vorhergehenden Jahres Cn. Lentulus der Oberbefehl in Etrurien verlängert[3]), während P. Aelius Paetus, Konsul von 201, Italien gegen Gallien zu schützen hatte[4]). Ebenso werden für das Jahr 200, wo der Krieg gegen Philipp schon eine beschlossene Sache war, ein Konsul und ein Practor in Italien zurückgelassen, der Practor mit der besonderen Aufgabe, mit einem

---

[1]) Liv. XXX. 1. 7 9; 27. 6.- 7.; 40. 16; 41. 13.

[2]) Über die Schlacht gegen Mago im Jahre 203 s. Ihne, röm. Gesch. II. p. 362 ff.

[3]) Liv. XXX. 41. 3.

[4]) Liv. XXXI. 2. 5.

Kontingent Bundestruppen in Ariminum seinen Posten zu nehmen. Da begann plötzlich der grosse Gallieraufstand, und Rom wurde zu einem Kriege gezwungen, den es vorläufig noch gern vermieden hätte.

Ehe ich mich aber zur Untersuchung dieser Kämpfe wende, muss ich noch vorher ein Ereignis des Jahres 201 erwähnen, das sich in Gallien abspielte und das mit den späteren Kriegen in keinem unmittelbaren Zusammenhange steht.

Livius berichtet XXXI. 2. 5.[1]), dass vor der Ankunft des Konsuls P. Aelius in Gallien von den Boiern Einfälle in das Gebiet der Bundesgenossen[2]) gemacht wurden. Wahrscheinlich ist das Heer, welches während des Jahres 202 unter dem Praetor M. Sextius in Gallien stand, abgezogen, und die Grenze ohne jeglichen Schutz von Truppen gewesen. Es wird nun schnell ein neues Heer von zwei Legionen gebildet, durch vier Kohorten von dem Heere des Konsuls noch verstärkt, und ein Präfekt C. Ampius erhält den Befehl, damit in das Gebiet der Boier einzudringen, während der Konsul über das Gebirge mit einem anderen Heere nachfolgen will[3]). C. Ampius verwüstet nun zunächst das

---

[1]) Livius, der uns allein dieses Ereignis überliefert, hat wahrscheinlich an dieser Stelle den Claudius benutzt. Es wird nämlich hier der Gau Sapinia und ein Kastell Mutilum erwähnt. Diese beiden Namen kommen nur noch ein einziges Mal in der Literatur vor und zwar auch bei Livius XXXIII. 37. 1. Aus dieser auffallenden Tatsache können wir schliessen, dass in beiden Fällen dieselbe Quelle benutzt ist. Dass nun an der zweiten Stelle Claudius die Quelle ist, werden wir später nachzuweisen versuchen. Antias, dem Livius weiterhin folgt, scheint dieses Ereignis nicht in seine Darstellung aufgenommen zu haben, wie aus dem Anfange von Kap. 10 deutlich hervorgeht, sonst hätte er nicht schreiben können: repente, nihil minus eo tempore timentibus, Gallici tumultus fama exorta.

[2]) Weissenborn vermutet Placentia oder Cremona. Die Niederlage erfolgt allerdings im südlichen Teile des Boierlandes.

[3]) C. Ampius soll also durch Umbrien seinen Marsch nehmen d. h. im Tibertal aufwärts gehen bis zu dem Pass, der jenseits in das Tal des Sapis führt. Dagegen ist nicht zu verstehen das aperto itinere per montes, welches Livius als die Marschrichtung des Konsuls bezeichnet.

Land der Boier erfolgreich, ohne selbst Schaden zu nehmen[1]), und schlägt dann in der Nähe des Kastells Mutilum[2]) ein Lager auf. Hier wollte er nun mitten im Feindesland die friedliche Arbeit des Getreidemähens vornehmen[3]), ohne dass die nötigen Vorsichtsmassregeln getroffen wurden. Da werden die Römer in ihrer Tätigkeit plötzlich von den Boiern überrascht, und es wird fast das ganze römische Heer vernichtet. Ein kleiner Rest — 7000 Tote liessen sie zurück — flüchtet sich in das Lager. In der nächsten Nacht gelingt es ihnen, unter Preisgabe des Gepäcks, heimlich über unwegsame Gebirgspfade zu dem Konsul zu entkommen.

Es lässt sich nun nicht mit Gewissheit behaupten, ob wir in dieser Schilderung einen wirklich historischen Bericht haben, oder ob man die Schwere der Niederlage dadurch, dass man die Legionen überrascht werden lässt, etwas mildern, etwas abschwächen sollte. Der grösste Schimpf für Rom war, in offener Feldschlacht besiegt zu werden, und fast nie finden wir in einem solchen Falle bei römischen Quellen einwandstreie Berichte. Immerhin wäre es denkbar, dass auf die hier erzählte Art und Weise ein römisches Heer seinen Untergang gefunden hat.

Am Schlusse des Berichtes heisst es noch von dem Konsul: qui, nisi quod populatus est Boiorum finis et cum Ingaunis Liguribus foedus icit, nihil quod esset memorabile aliud in provincia cum gessisset, Romam rediit. Dass der Konsul nun seinerseits das Boierland verwüstet haben soll, ist wenig glaublich. Durch diese Notiz soll eben der Leser

---

[1]) Prospere ac tuto populationes fecit.
[2]) Die Lage von Mutilum lässt sich nicht genau bestimmen. Auch nach Liv. XXXIII. 37. 2. muss man annehmen, dass es nördlich von dem Gau Sapinia gelegen hat, welcher von dem Sapis seinen Namen hat. Nissen: Italische Landesk. II. p. 258 führt die Ansicht Cluvers an, der Mutilum mit dem heutigen Meldola identifiziert. Es könnte aber auch das heutige Modigliana sein, das im Mittelalter Mutiliana heisst und etwas weiter westlich liegt.
[3]) Das Ereignis fiel also in den Sommer.

durchaus von der Ueberlegenheit der römischen Waffen überzeugt werden. Dagegen enthält die zweite Nachricht über das Bündnis mit den ligurischen Ingaunern vielleicht einen historischen Kern. Es können sich darin die Bemühungen Roms aussprechen, sich mit den Ligurern in ein gutes Einvernehmen zu setzen, solange Gefahr von den Galliern drohte und durch den bevorstehenden macedonischen Krieg dem römischen Volke die Hände gebunden waren.

Mit der Rückkehr des Konsuls nach Rom bricht der Bericht etwas plötzlich ab. Man hat den Eindruck, als ob der Leser möglichst schnell über solch unangenehme Dinge hinweggeführt werden soll. Die Quelle des Livius berichtet natürlich nichts davon, dass die Niederlage in der unmittelbar darauffolgenden Senatssitzung zur Sprache gekommen ist. Sie muss aber gerade in diesem Augenblicke sehr unangenehm gewesen sein. Im Volke galt es Stimmung für einen neuen grossen Krieg zu machen, und dieses letzte Unglück war gerade sehr geeignet, den Widerwillen dagegen, die reichlich vorhandene Unlust zu neuen Opfern und Drangsalen zu vermehren.

Den nun folgenden Kämpfen mit den Galliern drückt diese Niederlage ihren Stempel auf. Die Römer erleiden oft grosse Verluste, so sehr auch die Quellen des Livius bemüht sind, Niederlagen im Siege römischer Waffen zu verwandeln, oder dort, wo garnichts zu berichten ist, Erfolge zu erdichten. Schliesslich allerdings muss es dem mächtigen Rom gelingen, dieser Feinde Herr zu werden.

A. Die Unterwerfung der Insubrer.

Wie sehr im Jahre 200 der macedonische Krieg im Vordergrund stand und alle Kräfte in Anspruch nahm, beweist die Senatsbestimmung, dass nur 5000 Bundestruppen für den Praetor L. Furius Purpurio zur Verfügung gestellt werden können, mit denen er in der Gegend von Ariminum die Grenze gegen Gallien schützen sollte. Der Konsul C. Aurelius beabsichtigte wahrscheinlich mit seinem Heere im nördlichen Etrurien zu operieren¹). Man konnte also nicht daran denken, die eben empfangene schwere Niederlage zu rächen und zum Angriff vorzugehen, sondern man musste sich mit der Verteidigung begnügen. Aber die Hoffnung, die Entscheidung hier noch hinzuhalten, sollte sich nicht erfüllen. Bei den Insubrern befand sich seit längerer Zeit ein karthagischer Offizier mit Namen Hamilkar, der von dem Heere des Mago in Oberitalien zurückgeblieben war²). Er scheint von demselben Hass gegen Rom beseelt gewesen zu sein, wie sein grosser Landsmann Hannibal. Denn er fasst den kühnen Entschluss, mit den Kelten und Ligurern, den Widerstand gegen Rom fortzusetzen. Es gelingt ihm, zunächst die Insubrer für seine Pläne zu gewinnen. Der Augenblick der Erhebung wird von ihm klug gewählt: der Konsul Sulpicius befindet sich bereits ausserhalb Italiens³). Rom ist gezwungen, sich zu energischer Gegenwehr zu rüsten.

Die folgenden Kämpfe erreichen einen gewissen Abschluss im Jahre 195, wo die Unterwerfung der Insubrer vollendet wird. Die ausführlichste Darstellung hat natürlich Livius. Leider sind seine Berichte so verderbt, dass es notwendig ist, das Material einer kritischen Betrachtung zu unterziehen.

Für den Kampf des Jahres 200 ist bei Livius der Bericht an vier Stellen verteilt: XXXI. 10—11. 6; 21—22. 3; 47. 4—49. 3; 49. 8—49. 12.

c. 10. 1—4 heisst es: Omnium animis in bellum Macedonicum versis repente, nihil minus eo tempore timentibus,

---

¹) Liv. XXXI 11. 1.
²) Livius sagt XXXI 10. 3.: qui de Hasdrubalis exercitu substiterat, XXXI 11. 5: haud satis scire ex Hasdrubalis prius an ex Magonis postea exercitu in Gallia relictum. Dio frgt. 58. 5 p. 276 Boissevain: Ἀμίλκας τῷ Μάγωνι συστρατεύσας.
³) So nach Zonaras. Weissenborn bemerkt schon, dass Livius den Aufstand zu früh ansetzt. Bei Livius ist der Bericht auseinandergerissen. Wenn man Kap. 10 vor Kap. 21 einschiebt, stimmt alles vortrefflich.

Gallici tumultus fama exorta. Insubres Cenomanique et Boi excitis Celinibus Ilvatibusque et ceteris Ligustinus populis Hamilcare Poeno duce, qui in iis locis de Hasdrubalis exercitu substiterat, Placentiam invaserant; et direpta urbe ac per iram magna ex parte incensa, vix duobus milibus hominum inter incendia ruinasque relictis, traiecto Pado ad Cremonam diripiendam pergunt. vicinae urbis audita clades spatium colonis dedit ad claudendas portas praesidiaque per muros disponenda, ut obsiderentur tamen prius quam expugnarentur nuntiosque mitterent ad praetorem Romanum. L. Furius fühlt sich natürlich mit seinen 5000 Mann zur Entsetzung zu schwach und teilt deshalb dem Senate das Schicksal Placentias und die Gefahr, in der Cremona schwebt, mit. Der Senat beschliesst: (c. 11. 1—3) ut C. Aurelius consul exercitum, cui in Etruriam ad conveniendum diem edixerat, Arimini eadem die adesse iuberet et aut ipse, si per commodum rei publicae posset, ad opprimendum Gallicum tumultum proficisceretur aut L. Furio praetori scriberet, ut, cum ad eum legiones ex Etruria venissent, missis in vicem earum quinque milibus sociorum, quae interim Etruriae praesidio essent, proficisceretur ipse ad coloniam liberandum obsidione. Ausserdem sendet der Senat eine Gesandschaft nach Afrika, um die Rückberufung des Hamilkar und seine Auslieferung zu verlangen. c. 21 fährt dann der Bericht fort: Iam exercitus consularis ab Arretio Ariminum transductus erat et quinque milia socium Latini nominis ex Gallia in Etruriam transierant. itaque L. Furius, magnis itineribus ab Arimino adversus Gallos Cremonam etiam tum obsidentes profectus[1]), castra mille quingentorum passuum intervallo ab hoste posuit, occasio egregie rei gerendae fuit, si protinus de via ad castra oppugnanda duxisset; palati passim vagabantur per agros nullo satis firmo relicto praesidio. lassitudinem militum timuit, quod raptim ductum agmen erat. Galli clamore

---

[1]) Von Ariminum aus direkt nach Norden über den Po und dann durch das Gebiet der befreundeten Cenomanen.

suorum ex agris revocati omissa praeda, quae in manibus erat, castra repetivere. postero die in aciem progressi; nec Romanus moram pugnandi fecit. Es folgt nun einer jener wohlbekannten detaillierten Schlachtenberichte, in dem die Namen von Unterfeldherrn eine besonders grosse Rolle spielen. Zunächst schwankt die Entscheidung des Tages. Nachdem aber der Konsul einen Tempel gelobt und ein Valerier eine schneidige Attaque geritten hatte, erringen die Römer einen grossen Sieg: Galli terga verterunt, fugaque effusa repetunt castra. fugientes persecutus eques; mox et legiones insecutae in castra impetum fecerunt. minus sex milia hominum inde effugerunt. caesa aut capta supra quinque et triginta milia cum signis militaribus septuaginta, carpentis Gallicis multa praeda oneratis plus ducentis. Hamilcar, dux Poenus, eo proelio cecidit et tres imperatores nobiles Gallorum. Placentini captivi, ad duo milia liberorum capitum, redditi colonis. magna victoria laetaqne Romae fuit. litteris adlatis supplicatio in triduum decreta est. Romanorum sociorumque ad duo milia eo proelio ceciderunt. quamquam per praetorem prope debellatum erat, consul quoque C. Aurelius perfectis, quae Romae agenda fuerant, profectus in Galliam victorem exercitum a praetore accepit. c. 47. 4 schliesst sich unmittelbar daran an: consul alter C. Aurelius ad confectum bellum cum in provinciam venisset, haud clam tulit iram adversus praetorem, quod absente se rem gessisset. misso igitur eo in Etruriam ipse in agrum hostium legiones induxit populandoque cum praeda maiore quam gloria bellum gessit. L. Furius, simul quod in Etruria nihil erat rei, quod gereret, simul Gallico triumpho imminens, absente consule irato adque invidente facilius impetrari posse ratus Romam inopinato cum venisset, senatum in aede Bellonae habuit expositisque rebus gestis, ut triumpbanti sibi in urbem invehi liceret, petit. Es wird uns nun eine Debatte für und gegen den Triumph wiedergeben, im ganzen unwesentlichen Inhalts. Nur ein Punkt ist wichtig hervorgehoben zu werden: Wir erfahren hier, dass der Praetor den ausdrücklichen Befehl hatte, die Aukunft des Konsuls abzuwarten (c. 48. 4), was c. 11 noch nicht entschieden und worüber der Annalist, dem Livius folgt, am Anfang des c. 21 stillschweigend hinweggegangen ist. Die Absicht des Annalisten ist wohl klar. — Schliesslich wird dem Praetor der Triumph bewilligt: triumphavit de Gallis in magistratu L. Furius praetor et in aerarium tulit trecenta viginti milia aeris, argenti centum milia quingentos. c. 49.8 wird dann noch erwähnt, dass der Konsul Aurelius nach seiner Rückkehr aus Gallien Beschwerde darüber führte, dass der Senat den Praetor Furius habe triumphieren lassen, ohne dass ein anderer Zeuge seiner Taten anwesend gewesen wäre, als er selbst.

Es ist nun von Bedeutung festzustellen, auf welche Quellen der an vier Stellen verteilte Kriegsbericht des Livius zurückgeht. Unger und Soltau sind in diesem Punkte anderer Ansicht. Weil c. 21 nicht gesagt ist, welche Entscheidung der Konsul getroffen, ob der Praetor seine Ankunft abzuwarten habe oder nicht, nimmt Unger an, dass Livius hier eine andere Quelle benutzt habe als im c. 10 u. 11. Ich habe schon erwähnt, dass dies mit Absicht übergangen ist. Der Praetor hatte den Befehl, keine Schlacht vor der Anwesenheit des Konsuls zu liefern. Dass er es dennoch tut, und dem Befehle direkt zuwider handelt, gereicht ihm nicht gerade zur Ehre. Die Quelle des Livius ist aber bestrebt, die Taten dieses Furiers in das hellste Licht zu rücken, sie ist von der Vorstellung beseelt, dass das Schicksal dem Geschlechte der Furier die Kriege mit den Galliern zugewiesen habe[1], und sie darf uns deshalb nicht von vornherein erzählen, wie wenig der Praetor den Willen des Konsuls berücksichtigt. Noch unhaltbarer dagegen ist die Ansicht Soltaus. Er weist c. 10 u. 11 und c. 47. 4 bis 49. 3 dem Valerius Antias zu, c. 21 u. 22 aber, die Schilderung der Schlacht, dem Claudius, wie alle einiger-

---

[1] Liv. XXXI 48. 12: dato fato etiam quodam Furiae genti Gallica bella.

massen verdächtigen Schlachtenberichte. Nun finden wir gerade in c. 21 u. 22 untrügliche Anzeichen, dass für diesen Teil, wie überhaupt für den ganzen Kriegsbericht, nur Antias verantwortlich zu machen ist. Wenn man c. 21 u. 22 auch nur oberflächlich liest, hat man schon den Eindruck, dass die ganze Schilderung der Schlacht nach dem bekannten Schema erfunden ist. Zuerst ein unentschiedener Kampf, dann aber ein überwältigend grosser Sieg. Sieht man sich aber die Namen der genannten Unterfeldherrn genauer an, so erkennt man gleich das Interesse, einige Familien an dem Ruhme dieses Tages teilnehmen zu lassen. Da steht an der Spitze der Bundesgenossen ein M. Furius, also noch einer von dem berühmten Geschlecht. Er hat den ersten furchtbaren Angriff der Feinde auszuhalten. Die Legionen führt ein sonst unbekannter Caecilier. Zu seiner persönlichen Unterstützung hat der Feldherr einen Laetorier und einen Titinier. Schliesslich entscheidet ein Valerier als Führer der Reiterei das Schicksal des Tages. Dass nun auch die Valerier ihren Ruhmesanteil mit wegbekommen müssen, lässt uns vermuten, dass Valerius Antias hier vorliegt. Hinreichend bestätigt wird diese Vermutung, wenn wir in der Siegesbeute die verräterischen signa und carpenta finden. Aus ihm hat also Livius c. 10—11 und c. 21—22 geschöpft, und dass auch die Senatsverhandlungen über den Triumph des Furius auf ihn zurückzuführen sind, geht aus der wesentlichen Uebereinstimmung der Tatsachen hervor, sowie aus der Anführung des erbeuteten Geldes. Endlich können wir den Bericht über das Verhalten des Konsuls nach seiner Rückkehr (c. 49. 8—12) zwar nicht mit Sicherheit dem Antias zuweisen, doch liegt keine Veranlassung vor, in c. 49. zwei verschiedene Quellen anzunehmen. Unmittelbar vorher im § 7 wird ein grosser Sieg in Spanien erwähnt, wo sich an den erbeuteten signa Antias als Quelle zu erkennen gibt. Ausserdem passt die Erzählung noch ganz gut zu der breiten Ausmalung des an und für sich doch unbedeutenden Krieges. Dieser Gegensatz zwischen Praetor und Konsul musste sicher den Lesern interessant sein.

Wir haben also für das Jahr 200 einen zusammenhängenden aus einer einzigen Quelle stammenden Bericht, wo die Ausführlichkeit der Darstellung und die Uebertreibungen in den Erfolgen höchst verdächtig erscheinen und wo vor allem der Namen der Quelle: Valerius Antias zur grössten Vorsicht mahnt.

Im Jahre 199 berichtet Livius XXXII 1., dass der Praetor Cn. Baebius Tamphilus in Ariminum seinen Standplatz erhält, wo er mit den Legionen des Vorjahres so lange verweilen sollte, bis der Konsul L. Lentulus mit dem neuen Heere eintreffen würde. Wie der Praetor den Befehl ausführt, hören wir dann c. 7. 5: eodem anno Cn. Baebius, qui ab C. Aurelio, consule anni prioris, provinciam Galliam acceperat, temere ingressus Gallorum Insubrum finis prope cum toto exercitu est circumventus: supra sex milia et septingentos milites amisit. tanta ex eo bello, quod iam timeri desierat, clades accepta est. ea res L. Lentulum consulem ab urbe excivit. qui ut in provinciam venit plenam tumultus, trepido exercitu accepto praetorem multis probris increpitum provincia decedere atque abire Romam iussit. neque ipse consul memorabile quidquam gessit, comitiorum causa Romam revocatus.

Hier lässt sich nun nicht mit derselben Sicherheit die Quelle des Livius bestimmen wie in Buch 31. Immerhin sind doch einige Anhaltspunkte gegeben. Die Niederlage steht in c. 7. Bis c. 6. 4. erzählt Livius die griechische Geschichte nach Polybius und nimmt dann Antias zur Hand, um nach ihm die übrigen Ereignisse des Jahres zu erzählen. Dabei findet er den ihm selbst unwahrscheinlich erscheinenden Sieg des Villius und erzählt ihn unter Angabe seiner Quelle, um dann erst in c. 7 zu den Angelegenheiten in Rom überzugehen. Ferner finden sich c. 7. 4. Spuren von Antias[1]), also unmittelbar vor unserem Bericht.

---

[1]) L. Manlius privatus urbem ingrediens mille ducenta pondo argenti, triginta pondo ferme auri in aerarium tulit.

Auffallend ist es, dass wir weder nach dem Siege des Furius von einer doch sehr notwendigen Wiederherstellung Placentias etwas gehört haben, noch am Beginn des Jahres 199, obwohl doch der Praetor über Placentia hinaus in das Gebiet der Insubrer vordringt. Durch diese neue Niederlage musste die Position für die beiden Kolonien im Norden wieder sehr schwierig und gefährlich werden. Dagegen erfahren wir so gans nebenbei, dass L. Lentulus gleich nach den Wahlen wieder nach Gallien aufgebrochen ist. c. 8. 3: L. Lentulo, prioris anni consuli, prorogatum imperium, vetitusque aut ipse provincia decedere prius aut veterem deducere exercitum, quam cum legionibus novis consul venisset. Wir müssen daraus schliessen, dass seine Anwesenheit in der Provinz dringend notwendig war.

Den Konsul Lentulus lösen im Jahre 198 der Konsul Sextus Aelius Paetus und der Praetor C. Helvius ab. Ueber ihren Aufenthalt in Gallien haben wir zwei Notizen bei Livius, die fast ganz übereinstimmen.

1. XXXII 9. 5: Aelius cum Helvio praetore in Galliam (profectus est); exercitumque ab L. Lentulo acceptum, quem dimittere debebat, praetori tradidit, ipse novis legionibus, quae secum adduxerat, bellum gesturus neque memorabilis rei quicquam gessit.

2. XXXII 26. 1—3: in Gallia nihil sane memorabile ab Sexto Aelio consule gestum, cum duos exercitus in provincia habuisset, unum retentum, quem dimitti oportebat, cui L. Cornelius proconsul praefuerat — ipse ei C. Helvium praefecit — alterum, quem in provinciam adduxit, totum prope annum Cremonensibus Placentinisque cogendis redire in colonias, unde belli casibus dissipati erant, consumpsit.

Man hat natürlich aus dieser Wiederholung geschlossen, dass Livius im zweiten Falle eine andere Quelle ausgeschrieben hat, ohne sich zu erinnern, dass er fast dieselben Ereignisse bereits erzählt hat. Zu dieser Ansicht liegt kein zwingender Grund vor. c. 9. 5. bricht nämlich Livius die Schilderung der Verhältnisse in Italien mit der ersten Notiz ab, um von c. 9. 6. — c. 25, 12 die griechische Geschichte nach Polybius zu erzählen, und kehrt dann in c. 26 wieder zur Darstellung der italischen Ereignisse zurück, indem zunächst das zuletzt darüber Gesagte nur in etwas erweiterter Form noch einmal aufgenommen wird. In c. 9 wird erzählt, dass der Konsul mit dem Praetor nach Gallien aufbricht, dass er diesem das alte Heer übergibt und dass er sonst nicht viel dort ausrichtete. Im c. 26 wird von dem Aufbruch nach Gallien nichts mehr erwähnt, sondern die Notiz beginnt mit dem im c. 9 zuletzt ausgesprochenen Gedanken. Es heisst da: „In Gallien führte der Konsul freilich keine Taten aus, obwohl er zwei Heere zur Verfügung hatte, das alte Heer des Konsuls Lentulus, an dessen Spitze er den Prätor gestellt hatte und sein neues Heer, das er mitgebracht hatte." In dieser Form macht die zweite Notiz durchaus den Eindruck, als ob Livius selbst noch einmal dieselben Tatsachen in anderer Folge mit fast denselben Worten wiederholt habe. Doch was war der Grund dieser Wiederholung? Auf diese Frage antwortet der sich noch anschliessende Schlusssatz; totum prope annum Cremonensibus Placentinisque cogendis redire in colonias, unde belli casibus dissipati erant, consumpsit. Das ist etwas Neues, was in der ersten Notiz nicht erwähnt war, und es ist auch etwas sehr Wichtiges für unsere Untersuchung. Warum? das erfahren wir bald, wenn wir nach der Quelle für die erste Notiz forschen. Ich erwähnte schon, dass von c. 6. 5. an Valerius Antias benutzt ist. Im c. 7, wo sich deutliche Spuren für ihn zeigen, geht die Erzählung in ein und demselben Satze von der Niederlage des Praetors zu den Ereignissen in Rom über, und das folgende ist eine zusammenhängende, fortlaufende Schilderung derselben bis c. 9. 6. wo sich Livius zur griechischen Geschichte wendet. Es lässt sich nun keineswegs als sicher hinstellen, dass bis c. 9. 6 ausschliesslich Antias benutzt ist, aber es ist immerhin wahrscheinlich. Danach wäre er es also gewesen, der uns die Tatsache einer Wiederherstellung von Placentia und Cremona verschwiegen hätte, die uns Livius im c. 26 aus einer anderen Quelle gerettet hat. Die Absicht des Antias werden wir später noch erkennen.

Im c. 26. 4. geht Livius dann zur Schilderung einer Sklavenverschwörung über und beginnt mit folgenden Worten: Quem ad modum Gallia praeter spem quieta eo anno fuit. Danach hätten also die beiden Heere nicht gekämpft, obwohl c. 9. 5. gesagt ist: consul novis legionibus bellum gesturus. Der Konsul kehrt der Wahlen wegen nach Rom zurück, und wir erfahren nicht, ob die Legionen in Gallien geblieben oder entlassen sind, obwohl Livius in diesen Dingen oft sehr genau unterrichtet ist. Von den neuen Konsuln wird keiner nach Macedonien geschickt, damit endlich einmal nach einem einheitlichen Plane der Krieg dort zu Ende geführt werden kann. Sie bleiben beide in Italien, und ihre Aufgabe soll sein (Liv. XXXII 28. 9.), ut bellum cum Gallis Cisalpinis, qui defecissent a populo Romano, gererent. Es wird aber nirgends erwähnt, dass in diesem Jahre von seiten der Gallier irgend welche Gefahr drohte; trotzdem brechen beide Konsuln nach unserem Berichte gleichzeitig nach Gallien auf (c. 29. 5.): Cornelius recta ad Insubres via, qui tum in armis erant Cenomanis adsumptis, Q. Minucius in laeva Italia ad inferum mare flexit iter Genuamque exercitu ducto ab Liguribus bellum orsus est. Der Bericht fährt zunächst fort mit den Taten des Minucius: oppida Clastidium et Litubium utraque Ligurum et duae gentis eiusdem civitates, Celeiates Cerdiciatesque sese dediderunt, et iam omnia cis Padum praeter Gallorum Boios, Ilvates Ligurum sub dicione erant. quindecim oppida, hominum viginti milia esse dicebantur, quae se dediderant. Nach diesen Erfolgen führt der Konsul sein Heer in das Boierland und erreicht dadurch, dass die Boier, die sich bereits mit den Insubrern und Cenomanen verbunden hatten, um gemeinsam jenseits des Po dem Konsul Cethegus entgegen zu treten, sich von von ihren Stammesgenossen trennen und zum Schutze ihres eigenen Gebietes zurückkehren. Der Konsul Cethegus erfährt durch Boten, die er in die Ortschaften der Cenomanen sendet, dass nur die cenomanische Jugend gegen den Willen des Volkes und der Häuptlinge unter Waffen sei. Er knüpft deshalb Verhandlungen an und erreicht das Versprechen, ut in acie aut quiescerent aut, si qua etiam occasio fuisset, adiuvarent Romanos. Es muss uns unverständlich sein, dass die Cenomanen so leicht ihre Stammesgenossen verlassen, nachdem sie doch schon nach Livius das vierte Jahr gegen Rom kämpfen. An den Ufern des Mincius erringt dann der Konsul über die Insubrer einen grossen Sieg c. 30. 11.: non tulerunt Insubres primum concursum. quidam et a Cenomanis, terga repente in ipso certamine adgresis tumultum ancipitem iniectum auctores sunt caesaque in medio quinque et triginta milia hostium, quinque milia et ducentos vivos captos, in iis Hamilcarem Poenorum imperatorem, qui belli causa fuisset; signa militaria centum triginta et carpenta supra ducenta. multa oppida Gallorum, quae Insubrum defectionem secuta erant, dediderunt se Romanis.

Dieser Sieg ist nun genau so gross und gewaltig wie der des Furius im Jahre 200. Bei Cremona wurden 35000 Feinde getötet, hier am Mincius ebenso viel. 200 Wagen werden beide Male erbeutet, Feldzeichen im zweite Falle fast die doppelte Zahl. Das Schlimmste aber, Hamilkar, der in der früheren Schlacht gefallen ist, wird hier noch einmal gefangen genommen.

Der Versuch, den Namen der vorliegenden Quelle zu bestimmen, muss zunächst unterbleiben. Neues Material hierfür werden wir in den Senatsverhandlungen über den Triumph der Konsuln finden.

Auf diesen Sieg des Konsuls Cornelius folgt noch im c. 31. 1—6 ein Bericht über die Erfolge des andern Konsuls, den Livius wohl noch aus derselben Quelle geschöpft hat. Minucius consul primo effusis populationibus peragraverat finis Boiorum, deinde ut, relictis Insubribus ad sua tuenda receperant sese, castris se tenuit acie dimicandum cum hoste ratus. nec Boi detrectassent pugnam, ni fama Insubres victos adlata animos fregisset. itaque relicto duce castrisque dissipati per vicos, sua quisque ut defenderent, rationem belli gerendi hosti mutarunt, omissa enim spe per unam dimicationem rei decernendae rursus populari agros et urere tecta vicosque expugnare coepit. per eosdem dies

Clastidium incensum. Inde in Ligustinos Ilvates, qui soli non parebant, legiones ductae. ea quoque gens, ut Insubres acie victos, Boios ita, temptare spem certaminis non auderent, territos audivit in dicionem venit.

Dieser Bericht ist, was die Kämpfe mit den Boiern anbetrifft, sehr entstellt und in seinem letzten Teile sehr unklar. Andere Tatsachen erfahren wir aus den Senatsverhandlungen über die Triumphe der Konsuln.

(XXXIII, 22. 1—23. 9.) Die Konsuln fordern, dass über beide Triumphe zugleich abgestimmt werde. Dem widersetzen sich zwei Volkstribunen, um die Ehre des Triumphes dem Minucius nicht zuteil werden zu lassen, und sie begründen ihre Haltung mit den Worten: Q. Minucium in Liguribus levia proelia, vix digna dictu, fecisse, in Gallia magnum numerum militum amisisse, nominabant etiam tribunos militum T. Iuventium, Cn. Ligurium legionis quartae: adversa pugna cum multis aliis viris fortibus, civibus ac sociis, cecidisse. oppidorum paucorum ac vicorum falsas et in tempus simulatas sine ullo pignore deditiones factas esse. Dass dies Dinge sind, die uns vorher verschwiegen sind, ist wohl klar. Allerdings darf man auf diese Triumphreden fast gar nichts geben. Wenn sie uns aber für Rom ungünstige Dinge berichten, so verdienen sie mindestens Beachtung.

Viel wichtiger aber sind einige Einzelheiten, die über den Triumph des Konsuls Cornelius angegeben werden. Da heisst es im c. 23. 1: C. Cornelio omnium consensu decretus triumphus. et Placentini Cremonensesque addiderunt favorem consuli, gratias agentes commemorantesque obsidione sese ab eo liberatos, plerique etiam, cum capti apud hostes essent servitute exemptos. Von Cremona und Placentia ist in dem Kriegsberichte dieses Jahres nicht ein einziges Mal die Rede gewesen. Nach diesen Andeutungen aber bemerkt Nissen hierzu, muss eine Eroberung Placentias und eine Belagerung Cremonas vorausgesetzt werden. — Dann heisst es weiter bei der Feier des Triumphes: multa signa militaria tulit, multa Gallica spolia capitivis carpentis transvexit, multi nobiles Galli ante currum ducti, inter quos quidam

Hamilcarem, ducem Poenorum, fuisso auctores sunt; ceterum magis in se convertit oculos Cremonensium Placentinorumque colonorum turba pilleatorum currum sequentium. aeris tulit in triumpho ducenta triginta septem milia quingentos argenti bigati undeoctoginta milia; septuageni aeris militibus divisi duplex equiti centurionique. Der Konsul Minucius, dem der Triumph nicht auf Staatskosten bewilligt wird, triumphiert auf dem Albanerberge. Auch er führt signa, spolia, carpenta in Menge auf und bringt in den Staatsschatz eine fast ebenso grosse Summe Geldes wie Cornelius.

Wir haben also für das Jahr 197 einen in den Erfolgen ähnlichen Kriegsbericht wie im Jahre 200. Wie dies zu erklären ist, darin muss die Quellenfrage das entscheidende Wort sprechen.

Von wem Livius die Senatsverhandlungen in c. 22 u. 23, die durchaus den Eindruck einer einheitlichen Darstellung machen, genommen hat, ist nicht schwer zu bestimmen. Der Anzeichen, die auf Antias hinweisen, sind zu viele, als dass man einen Augenblick zweifelhaft sein könnte. Durch die wiederholte Angabe der signa, spolia, carpenta, durch die Aufzählung des erbeuteten Geldes, durch die Anführung zweier getöteter Kriegstribunen mit Namensnennung, die obendrein noch bestimmten Legionen zugewiesen werden, hat er sich genügend gekennzeichnet.

Nun hat schon Nissen p. 143 darauf hingewiesen, dass der Feldzug XXXII. 29—31 aus derselben Quelle geschöpft sein muss wie die Verhandlungen über die Triumphe im 33. Buche. Und in der Tat sind in dem Feldzugsbericht XXXII. 29—31 Merkmale vorhanden, an denen wir nach unserer Charakterisierung des Antias ihn immer als Quelle feststellen müssen. Signa und carpenta werden auch da in der Siegesbeute aufgeführt.

Durch dieses Ergebnis scheint aber für unsere Untersuchung eine grosse Schwierigkeit zu erwachsen. Nach den bisherigen Erörterungen kann doch Antias unmöglich sowohl im Jahre 200 für den Krieg des Furius als auch für den Krieg des Jahres 197 als Quelle des Livius gedient haben.

Denn die Tatsache, dass Hamilkar hier gefangen wird, würde ja in einem unerklärbaren Widerspruch zu seinem Tode im Jahre 200 stehen. Doch hat Livius selbst diesen Widerspruch gefühlt und die Gefangennahme des Hamilkar XXXII. c. 30 und XXXIII c. 23 mit den Worten eingeleitet: quidam auctorer sunt. Mit diesen Worten will Livius offenbar sagen: Es gibt ein oder auch einige Schriftsteller, die im Gegensatz zu der Quelle, aus der ich meine bisherige Darstellung geschöpft habe, noch die Gefangennahme des Hamilkar in das Jahr 197 verlegen. Wer diese Autoren sind, das wird uns leider verschwiegen, wir dürfen aber unter ihnen wohl Claudius vermuten.

Antias hat also aus Gründen, die wir vorläufig noch nicht bestimmen wollen, den Tod des Hamilkar in das Jahr 200 verlegt, während nach der Feststellung des Livius andere Autoren berichten, dass er erst in der Schlacht am Mincius von Cornelius Cethegus gefangen genommen wurde. Doch ist es nicht dieser ins Auge fallende Widerspruch zu anderen Autoren allein, der uns verdächtig erscheint. Es finden sich in seinem Berichte viele dunkle Punkte, die der Aufklärung bedürfen. Man vergleiche nur einmal den Feldzug von 197 mit der Schilderung des Triumphes und diese beiden Berichte wiederum mit den Ereignissen des Jahres 200. Ohne Mühe würde man erkennen, mit wie grosser Unverschämtheit Valerius Antias der Leichtgläubigkeit seines römischen Leserpublikums entgegentrat. Es würde sich sogar der Versuch lohnen, aus dem Livius allein die Unwahrheiten und Entstellungen festzustellen. Doch wird dies leichter sein und wird auch zu viel sichereren Ergebnissen führen, wenn wir andere Quellen heranziehen werden. Hier soll nur noch das eine wichtige Resultat der eben vorgenommenen Untersuchung festgestellt werden, dass Livius die Gallierkriege vom Jahre 200 bis zum Jahre 197 aus Antias geschöpft hat.

Leider fliessen sonst die Nachrichten über Gallier- und Ligurerkriege bei anderen Autoren sehr spärlich. Es liegt dies teils an ihrer geringen Bedeutung gegenüber den grossen Ereignissen des Ostens am Anfang des 2. Jahrhunderts, teils an dem Mangel an Quellen überhaupt. Aber gerade für die ersten Jahre haben wir ein par Notizen bei Dio bezw. Zonaras, die die allergrösste Beachtung verdienen. So kurz sie sind, so wertvoll sind sie auch.

Ueber den Wert und die Bedeutung der Geschichte des Dio Cassius herrscht wohl in unserer Zeit nur eine Stimme. Es wird allgemein anerkannt, dass er von dem besten Willen beseelt war, überall die historische Wahrheit festzustellen, und dass ihn Fleiss und Gewissenhaftigkeit im höchsten Masse auszeichneten. Dass sein aufrichtiges Streben nicht immer von Erfolg gekrönt sein konnte, ist durch das ihm vorliegende Quellenmaterial entschuldigt. Ueber seine Darstellung der Geschichte des Westens kann deshalb das Urteil nicht so günstig lauten[1]). Die Quellenfrage ist noch nicht vollständig gelöst. Das Ergebnis der Untersuchung Baumgartners[2]) ist, dass Dio vom 2. Jahrhundert ab die 4. u. 5. Dekade des Livius, das Original des Polybius und daneben noch einen Annalisten benutzt hat. Schwartz[3]) kommt zu dem Resultat, dass von diesem Zeitpunkte ab Polybius die Darstellung des Dio derartig beherrscht, dass er zu seiner Rekonstruktion mit Recht herangezogen wird, hält es aber für zweifelhaft, ob er direkt benutzt ist.

Wie dem auch sei, die Nachrichten, die Dio bringt, können unmöglich aus Livius geschöpft sein. Sollte der unbekannte Annalist benutzt sein, dann haben wir jedenfalls die eine Beruhigung, dass es nicht Antias ist, und seine Nachrichten würden denen des Livius gegenüber stets be-

---

[1]) Zwar hat Niese in der 2. Aufl. seines Grundrisses der röm. Geschichte (Iwan Müllers Handb. III 5.) sein Urteil über die Geschichte des Westens bei Dio etwas gemildert, hält aber noch daran fest, dass ihre Nachrichten sehr geringwertig sind. Den Anfang der Kämpfe in Oberitalien setzt er überhaupt erst in das Jahr 198.

[2]) Über die Quellen des Cassius Dio für die ältere röm. Geschichte. Tübingen 1880.

[3]) In seinem Aufsatze über Dio in Pauly-Wissowas Real-Encycl. III p. 1696.

trächtlich in die Wagschale fallen. Es ist aber durchaus nicht unmöglich, dass auch hier Polybius bei Dio vorliegt. Als nämlich im Senate über die Standplätze der Konsuln für das Jahr 197 verhandelt wird, setzen die Freunde des Flaminius durch, dass beide Konsuln in Italien bleiben sollen und zwar, διὰ τὸν ἀπὸ τῶν Κελτῶν φόβον, wie Polybius XVIII. 11. 2 hinzufügt. Nun haben wir schon darauf hingewiesen, dass Livius nichts von einer drohenden Gefahr im Jahre 197 berichtet. Die beiden Konsuln werden nach seiner Darstellung nur aus Rücksicht auf Flaminius in Italien zurückgehalten, um, wie es dann an einer anderen Stelle heisst, den Krieg mit den abgefallenen Galliern zu führen. Der Aufbruch der Konsuln nach Gallien wird schlicht erzählt, ohne dass die Völker, die unter Waffen sind, der Reihe nach aufgezählt werden, wie es im Jahre 200 geschieht. Ganz anders aber stellt Dio bei Zonaras die Sachlage dar, und darin könnte man vielleicht eine Übereinstimmung mit Polybius sehen. So kurz diese Notizen sind, so wird dennoch im Jahre 197 erzählt, dass die Gallier durch ihre Erfolge ermutigt, Miene machten, auf Rom loszugehen und dass die Römer dadurch in Furcht versetzt, beide Konsuln gegen sie sandten. Das hätte wohl ganz gut in einer Schilderung der Gallierkriege bei Polybius stehen können, wenn er im anderen Zusammenhange schon Veranlassung hatte, die Keltenfurcht zu betonen.

Versuchen wir die Nachrichten des Livius mit den entgegengesetzten Nachrichten des Dio in Einklang zu bringen. Bei ihrer grossen Wichtigkeit geben wir sie fast wortgetreu wieder.

Im Jahre 200 berichtet Dio frgt. 58.5, p. 276, (Boissevain) nachdem der Konsul Sulpicius bereits Italien verlassen hat:

οἱ Ἰνσουμβροι ἐταράχθησαν Ἀμίλκας γάρ τις Καρχηδόνιος τῷ τε Μάγωνι συστρατεύσας καὶ ἐν τοῖς χωρίοις ἐκείνοις ὑπομείνας τέως μὲν ἡσυχίαν εἶχεν, ἀγαπῶν εἰ διαλάθοι, ἐπεὶ δ' ὁ Μακεδονικὸς πόλεμος ἐνέστη, τούς τε Γαλάτας ἀπέστησε τῶν Ῥωμαίων καὶ μετ' αὐτῶν ἐπὶ Λίγυας στρατεύσας καὶ ἐκείνων τινὰς προσεποιήσατο μάχης δὲ σφίσι μετὰ ταῦτα πρὸς τὸν Λούκιον Φούριον στρατηγὸν γενομένης (ἡττήθησαν καὶ) ἐπρεσβεύσαντο σπονδῶν δεόμενοι. καὶ οἱ μὲν Λίγυες ἔτυχον αὐτῶν . . . .

Hier bricht das Fragment ab und Zonaras tritt ergänzend ein IX 15: τοῖς ἄλλοις δὲ οὐκ ἐδόθησαν, ἀλλ' ἀνεστράτευσεν ἐπ' αὐτοὺς Αὐρήλιος ὁ ὕπατος, φθονήσας τῆς νίκης τῷ στρατηγῷ.

Dann findet sich für dieses Jahr noch ein Fragment bei Dio, in dem ein Teil der Senatsverhandlungen über den Triumph des Furius erhalten ist. Frgt. 57. 81: . . . . τῶν ἐπινικίων τυχεῖν ἠξίου: λόγων τε ἐπ' ἀμφότερα πολλῶν γενομένων (οἱ μὲν γὰρ ἄλλως τε καὶ πρὸς τὴν τοῦ Αὐρηλίου κακοήθειαν συνεσπούδαζον αὐτῷ, καὶ τήν τε νίκην ἐμεγάλυνον καὶ παραδείγμασι πολλοῖς ἐχρῶντο. οἱ δὲ τῇ τε τοῦ ὑπάτου ἰσχύι ἠγωνίσθαι αὐτὸν ἔλεγον, μηδεμίαν ἰδίαν αὐτοκράτορα ἀρχὴν ἔχοντα, καὶ προσέτι καὶ λόγον παρ' αὐτοῦ ἀπῄτουν, ὅτι τὰ προσταχθέντα οὐκ ἐπεποιήκει) ὅμως ἔλαβεν αὐτά. καὶ ὁ μὲν ἐκεῖνα πρὶν τὸν Αὐρήλιον ἐ . . . θεσ . . . ν ἑώρτασεν.

Für die nächsten Jahre sind nur die Auszüge bei Zonaras vorhanden.

Zon. IX 15 für das Jahr 199: Τῷ δ' ἑξῆς ἔτει πρὸς τοῦ Ἀμίλκα καὶ τῶν Γαλατῶν συνηνέχθη, πολλὰ καὶ δεινά. Γναῖόν τε γὰρ Βαίβιον στρατηγὸν ἐνίκησαν, καὶ τὴν συμμαχίδα τῶν Ῥωμαίων κατέτρεχον, καὶ Πλακεντίαν ἐπολιόρκουν καὶ ἑλόντες κατέσκαψαν.

Für das Jahr 198 Zon. IX 16: Αἰλίου δὲ Πέτου τοῦ ὑπάτου στρατεύσαντος ἐπὶ τοὺς Γαλάτας, πολλοὶ ἀπ' ἀμφοτέρων ἀπώλλυντο προσμιγνύντες ἀλλήλοις, καίριον δέ τι ἐπράχθη οὐδέν.

Für das Jahr 197 Zon. IX 16: οἱ μέντοι Γαλάται εὐτυχίαις τε ἐπαιρόμενοι καὶ τοὺς Ῥωμαίους ἐν παρέργῳ σφίσι πολεμοῦντας αἰσθόμενοι παρεσκευάσαντο ὡς καὶ ἐπὶ τὴν Ῥώμην ἐλάσοντες. δείσαντες οὖν οἱ Ῥωμαῖοι ἄμφω τοὺς ὑπάτους Κορνήλιον Κέθηγον καὶ Μινούκιον Ῥοῦφον ἐπὶ τοὺς Γαλάτας ἔπεμψαν· οἱ διαιρεθέντες ἄλλος ἄλλην ἐπόρθουν χώραν. πρὸς οὖν τοὺς ὑπάτους καὶ οἱ πολέμιοι διῃρέθησαν, καὶ οἱ μὲν τῷ Κεθήγῳ μετὰ Ἀμίλκου συμβαλόντες ἡττήθησαν, οἱ λοιποὶ δὲ τοῦτο γνόντες ἀπεδειλίασαν καὶ οὐκέτι τῷ Ῥούφῳ συνέβαλον, ἀλλ' ἀδεῶς ἐκεῖνος τὴν χώραν κατέτρεχε καὶ οἱ μὲν τῷ Κεθήγῳ πολεμήσαντες σπονδὰς ἐποιήσαντο, οἱ δ'ἄλλοι ἐν τοῖς ὅπλοις ἔτι ἐτύγχανον.

Ich will zunächst die Gegensätze, die zwischen der Darstellung des Livius und der des Dio bestehen, feststellen. Es ergeben sich da folgende wesentliche Punkte:

1) Nach Liv. XXXI 31. 10. erheben sich im Jahre 200 die Insubrer, Boier und Cenomanen von den gallischen Völkerschaften, nach Zon. IX 15 nur die Insubrer.

2) Liv. XXXI 10 berichtet im Jahre 200 die Einnahme und Zerstörung Placentias und die Belagerung Cremonas. Dio legt den Fall von Placentia in das Jahr 199 nach der Niederlage des Praetors Baebius.

3) Nach Liv. XXXI 31. 11 fällt Hamilkar in der Schlacht bei Cremona, nach Zonaras kämpft er in den folgenden Jahren noch weiter, was zu der Liv. XXXI 32, 31. erzählten Gefangennahme des Hamilkar in völligem Einklange steht.

4) Zon. IX 16 erwähnt auch im Jahre 198 verlustreiche Kämpfe, Livius weiss nichts davon.

5) Nach Zon. IX 16 bestand in Rom im Jahre 197 die Furcht vor einem drohenden Anmarsch der Gallier; in der Darstellung des Livius fehlt jeder Hinweis auf eine solche Gefahr.

Wir müssen nun diese Widersprüche beseitigen und uns für die eine oder die andere Version auf Grund genauerer Prüfung der Verhältnisse entscheiden. Andere Nachrichten, die hier ein entscheidendes Wort sprechen könnten, sind nicht vorhanden. Die Auszüge des Livius kommen hier nicht in Frage.

Wir besprechen die einzelnen Punkte der Reihe nach:

1) Die grosse Koalition der Kelten, die Livius XXXI 10 berichtet, wird durch die folgenden Ereignisse in keiner Weise bestätigt. Im Verlaufe des Kampfes wird nur von Galliern allgemein gesprochen. Nach dem Siege des Furius hören wir nichts mehr von den einzelnen Stämmen. Ja eine Beteiligung der erwähnten Cenomanen ist sogar ganz bestimmt ausgeschlossen. Unter dem Jahre 197 berichtet Li-

vius XXXII. 29. 6. Insubres in armis erant Cenomanis adsumptis. Dieser Ausdruck wäre unverständlich, wenn dieses Volk schon im Jahre 200 an dem gemeinsamen Kampfe teilgenommen hätte. Weiterhin aber erfahren wir, dass es im Jahre 197 nicht das ganze Volk, sondern nur die junge Mannschaft der Cenomanen ist, die gegen den Willen ihrer Stammesoberhäupter sich den Insubrern angeschlossen hatte, und dass es dem Konsul durch Verhandlungen sogar gelingt, sie vor der Entscheidungsschlacht zum Abfall zu bringen. Nun wissen wir auch durch verschiedene Zeugnisse[1], dass die Cenomanen seit langem Freunde und Verbündete der Römer waren, schon während des grossen Gallierkrieges im Jahre 225. und dass sie auch während des zweiten punischen Krieges Freundschaft und Bündnis treu gewahrt haben. Strabo sagt ausdrücklich, dass sie stets auf Seiten der Römer standen sowohl vor dem Einfall Hannibals als auch nachher. Es wäre auch sehr unwahrscheinlich, dass ein Volk, das während der langen schweren Prüfungszeit des hannibalischen Krieges in seiner Treue nicht wankend gemacht werden konnte, am Ende dieser Zeit nach dem unbestrittenen Siege Roms plötzlich an Empörung denken sollte.

Es ist jedenfalls nur die unbesonnene cenomanische Jugend gewesen, die im Jahre 197 durch die Erfolge der Insubrer verführt eine Zeit lang die weisen Mahnungen ihrer Fürsten nicht beachtete. Bald nachher ist dieses Volk wieder im Bunde mit Rom[2]. Auch an eine Beteiligung der Boier ist kaum zu denken; sie werden erst wieder im Jahre 197 erwähnt, während die Insubrer 199 und anscheinend auch 198 im Kampfe mit den Römern sich befinden.

Man gewinnt eben durchaus den Eindruck, dass der Annalist bei Livius die Situation so, wie sie im Jahre 197 war, schon ins Jahr 200 verlegt, und wir werden deshalb seine Angaben verwerfen und nur die Nachricht des Dio,

---

[1] Polybius II 23. 24. 32. Strabo V. 216. Liv. XXI 55. 4.
[2] Liv. XXXIX. 3. Cic. pro Balbo 32.

dass im Jahre 200 die Insubrer unter Führung des Hamilkar sich erhoben haben, als historische Tatsache hinnehmen.

2) Die verbündeten Völker wählen sich nach Livius XXXI, 10. als ihr erstes Opfer die römische Kolonie Placentia aus. Sie wird zerstört, ihre Schwesterstadt Cremona bald darauf belagert. Schon die Art und Weise, wie der Annalist uns die Einnahme schildert, klingt sehr unglaublich. Danach ist die Stadt, die während 18 Jahren als der am weitesten vorgeschobene römische Posten im Feindesland alle Stürme eines grossen Krieges ausgehalten, ohne Kampf genommen worden. Cremona aber schliesst seine Tore und verteilt Wachen auf den Mauern, um sich wenigstens belagern zu lassen! Nachdem das römische Entsatzheer bei Cremona einen „glänzenden Sieg" errungen, hören wir noch, dass 2000 gefangene Placentiner der Kolonie zurückgegeben werden. Was man sich darunter denken soll, ist auch rätselhaft. Placentia ist doch zerstört und verbrannt und kann deshalb diesen Leuten unmöglich einen Schutz bieten. Was wir aber in den Berichten vermissen, ist irgend eine Erwähnung der Wiederherstellung von dieser Stadt. Von dem nachfolgenden Konsul Aurelius wird nur erzählt, dass er weiter Krieg „maiore praeda quam gloria" führte. Die Sorge für die Kolonie wäre wohl eine wichtigere Aufgabe gewesen. Nun berichtet uns derselbe Annalist bei Livius im Jahre 197, wohlweislich nicht in dem Siegesbericht, wo die Aehnlichkeit mit der Situation vom Jahre 200 zu sehr aufgefallen wäre, sondern unter den Verhandlungen über die Triumphe der Konsuln, dass Bürger von Cremona und Placentia dem Konsul Cornelius im Senate öffentlich dankten, dass er sie von der Belagerung und einen Teil auch aus der Gefangenschaft befreit habe. Danach verdient Cornelius den Ruhm, den unser Annalist 3 Jahre vorher schon dem Prätor Furius zuerkannt hat. Doch leider können wir mit dieser Nachricht gar nichts anfangen, da während des ganzen Feldzuges von 197 Cremona und Placentia nicht mit einer Silbe erwähnt werden. Hat etwa Antias für dieses Schweigen einen Grund? Wir könnten die Frage nicht entscheiden und würden allzu

leicht geneigt sein, entweder den Sieg des Furius ganz abzulehnen oder die hier dem Konsul nachgerühmten Verdienste für unwahr zu halten, wenn wir nicht die Nachricht bei Zonaras hätten, dass Placentia im Jahre 199 nach der furchtbaren Niederlage des Baebius gefallen ist. Nehmen wir diese Ueberlieferung als richtig an, so kann Cornelius sehr gut als der eigentliche Befreier der Kolonien gelten. Denn wir erinnern uns, dass das Jahr 198 nach dem Zeugnisse des Livius selbst keine Erfolge aufzuweisen hatte. „Der Konsul hatte zwar zwei Heere, aber er brachte das ganze Jahr damit zu, die Bürger von Cremona und Placentia zu veranlassen, in ihre Kolonien zurückzukehren, woraus sie die Schicksale des Krieges vertrieben hatten". Erst in den folgenden Jahren wird der entscheidende Schlag geführt. Weiter unten werden wir beleuchten, warum Valerius Antias die Geschichte korrigieren musste[1]).

3) Doch mit den eben angeführten Fälschungen hat sich Antias nicht begnügt. Auch das ist eine Entstellung der Geschichte, wenn er in der Schlacht bei Cremona unter den Gefallenen Hamilkar nennt. Nach Livius XXXII 30 u. XXXIII 23 berichten andere Autoren, dass ihn Cornelius Cethegus 197 gefangen genommen hat. Und wir werden diesen unbedingt Glauben schenken, zumal er auch bei Zonaras im Jahre 199 und 197 noch lebt.

4) Am Beginn des Jahres 198 erwähnt Livius XXXII. 8, dass für den Konsul Aelius ein ganz neues Heer ausgehoben werden wird und in c. 9. 5. heisst es dann, dass dieser mit den neuen Legionen den Krieg gegen die Gallier führen will. Nach seiner Ankunft in Gallien stehen dem Konsul sogar zwei Heere zur Verfügung, trotzdem führte er keinen entscheidenden Schlag. Ja Livius versichert sogar, dass wider alle Hoffnung in Gallien Ruhe herrschte (XXXII 26. 4). Das

---

[1]) In demselben Jahre (199) hat sich Antias noch eine andere grobe Fälschung zu Schulden kommen lassen. Er berichtet einen grossen Sieg des Villius in Macedonien. Livius zweifelt aber selbst daran; denn er sagt, er habe weder in einer lateinischen noch in einer griechischen Quelle etwas davon gefunden.

erscheint mir höchst unwahrscheinlich. Mit einer so grossen Truppenmacht hätte der Konsul jeden Angriff wagen können. Es werden sich auch sicher bei den Bemühungen um die Rückgewinnung von Placentia und seines Gebietes Kämpfe abgespielt haben. Doch waren sie wohl, wie aus Zonaras hervorgeht, für Rom wenig ruhmvoll, auch wenig erfolgreich. Befreiung aus gallischer Bedrängnis brachte diesen Gegenden erst der Konsul des nächsten Jahres, wofür, wie wir schon gesehen haben, die Bürger von Cremona und Placentia ihm öffentlich im Senate ihren Dank darbrachten.

5) Nachdem Valerius Antias die grosse Koalition der Kelten bereits ins Jahr 200 verlegt hatte, bemühte er sich im Jahre 197 jegliche Gefahr von seiten dieser Völker zu verschweigen. Es wird nur erwähnt, dass der eine Konsul gegen die Insubrer, der andere gegen die Ligurer zieht. In den Senatsverhandlungen über die Verteilung der Provinzen findet nur die eine Frage eine Erörterung, ob es zweckmässig sei, dem Konsul Flamininus einen Nachfolger zu senden. Da dies abgelehnt wird, bleiben eben beide Konsul in Italien. Polybius aber berichtet, dass die Keltengefahr mit die Veranlassung gewesen sei, die Konsuln in Italien zurückzuhalten. Und wenn wir bei Zonaras lesen, dass ein Anmarsch der Gallier gefürchtet wurde, so werden wir dies mit der Nachricht des Polybius wohl vereinigen können.

Es ergibt sich also, dass die kurzen Nachrichten bei Dio bzw. Zonaras ungleich wertvoller sind, als die oft sehr breiten Schilderungen des Livius. Valerius Antias, den Livius ja in dieser Periode fast ausschliesslich benutzt, hat die Tatsachen entstellt, die wahren Vorgänge oft verschleiert, und wir können jetzt, nachdem wir mit Hilfe des Dio die wirkliche Sachlage festgestellt haben, auch die Gründe erkennen, die ihn zu einer Fälschung der Geschichte bewogen haben.

Antias war von der Vorstellung erfüllt, dass jeder Furier das Anrecht auf grosse Kriegstaten hatte. Vor allem aber schienen sie seit ihrem Ahnherrn Camillus für siegreiche Kämpfe mit den Galliern praedestiniert[1]). Fand er nun in seinen Quellen einen Sieg eines Furiers über Gallier, so war damit ein Feld für seine ausmalende Phantasie geschaffen. Das Jahr 199 war ein recht ungünstiges für Rom. Die Schmach, die auf ihm lastete, musste getilgt werden[2]). Deswegen legt er skrupellos den Fall von Placentia in das Jahr 200 und lässt ihm die grosse allgemeine Erhebung der Gallier vorausgehen. Dadurch bekam nun der Sieg des Furiers eine ganz andere Bedeutung. Um aber nicht von vornherein gegen den Prätor etwas eingenommen zu sein, verschweigt er uns, das er gegen den Befehl des Konsuls den Kampf gewagt habe. Der Sieg ist nun nach seinem Zeugnis ein entscheidender. Nur die Folgen bleiben später aus. Hamilkar, die „causa belli", muss hier getötet werden, und in Rom wird sofort nach Eintreffen der Nachricht den Göttern der schuldige Ehrendank dargebracht. Nachdem Antias so mit den Ereignissen vorausgeeilt war, muss er bei der Schilderung der Kriegslage in den nächsten Jahren vorsichtig zu Werke gehen. Im Jahre 199 werden die beiden gefährdeten Kolonien von ihm überhaupt nicht genannt. Ich habe gezeigt, dass Livius XXXII 26 nach einer anderen Quelle berichtet: consul totum prope annum Cremonensibus Placentinisque cogendis redire in colonias, unde belli casibus dissipati erant. Im Jahre 197 ist Antias dann daran gelegen, die drohende Gefahr von Seiten der Gallier möglichst zu verschleiern.

Nach dem Siege des Cornelius gibt er noch eine kurze Notiz über die Taten des Minucius im Boierland und in Ligurien. Leider kann er hier nichts Glänzendes berichten. Er ist aber wenigstens bemüht, das Ungünstige zu verschweigen und im grossen und ganzen ziemlich unklar zu sein. Dass der Konsul in seinem Lager von den Boiern eingeschlossen war, kann man beinahe erraten. Glaublich ist die Zerstörung von Clastidium[3]). Vorsichtig müssen wir

[1]) Liv. 31. 48. 12.
[2]) Auf dieses Bestreben ist auch der völlig frei erfundene Sieg des Villius zurückzuführen.
[3]) Clastidium, ein Ort der gallischen Völkerschaft der Anamarem (an dieser Stelle fälschlich zu Ligurien gerechnet (Weissenborn)) war

aber die Nachricht von der freiwilligen Uebergabe der Ilvaten aufnehmen. Es klingt das zu sehr nach Entschädigungen, die Antias dem wenig erfolgreichen Konsul zu Teil werden lässt. Am Anfange des Feldzuges hat er bereits den Minucius für seine Zwecke verwendet und von ihm einen Bericht geliefert, den wir ohne weiteres ablehnen müssen. In der schon mehrfach erwähnten Absicht, die Keltengefahr im Jahre 197 zu verschweigen, lässt er den einen Konsul zunächst nach Genua ziehen und bei den Ligurern den Krieg beginnen. Clastidium ergibt sich hier und Litubium, (dessen Lage nicht bekannt ist) ausserdem 15 Städte und 20000 Menschen. Die hier genannten ligurischen Völkerschaften der Cerdiciaten und Celeiaten werden ebenso wie die bereits XXXI 10 genannten Celinen sonst nirgends in der Literatur erwähnt. Das Wahrscheinliche ist natürlich, dass Minucius sich direkt gegen die Boier wandte, um den Plan der Teilung der feindlichen Streitkräfte durchzuführen[1]).

Auch in dem Kämpfen der Jahre 196 u. 195 beherrscht Antias die Darstellung des Livius derartig, dass wir bei ihrer Beurteilung nach den gemachten Erfahrungen die allergrösste Vorsicht walten lassen müssen. Für das Jahr 196 haben wir einen sehr ausführlichen, aber um so wertloseren

---

vor dem 2. punischen Kriege von den Römern befestigt worden. Nach Scipios Uebergang auf das rechte Trebiaufer verlor die Stadt den Halt und ergab sich. Nun hat der Konsul sie für ihren Abfall gestraft. (Vgl. Pauly-Wissowa; Real-Encycl. unter Clastidium).

[1]) Mommsen: C. I. L. I. n. 199 hat aus dem Umstande, dass im Jahre 117 zwei Minucii Rufi zur Entscheidung von Grenzstreitigkeiten nach Genua gesandt werden, geschlossen, dass die Minucier das Patronat über diesen Teil Liguriens besassen und dass dies wahrscheinlich schon Q. Minucius Rufuss im Jahre 197 erworben hat, als er damals dort Krieg führte. Wir haben gesehen, wie wenig glaubwürdig der Zug des Konsuls Minucius nach Genua ist. Polybius XVIII. 12. 1. sagt ausdrücklich, dass die Konsuln beide nach Gallien geschickt wurden. Auch weiss Dio nichts von den Taten des Konsuls in Ligurien.

Bericht in Buch XXXIII. 36. 4—37. 12. Die Taten des Konsuls M. Claudius Marcellus schildert sehr charakteristisch Antias; am Schlusse wird er auch zitiert. Von irgend welchen Plänen und Absichten erfahren wir vorher nichts, wir werden in medias res geführt: consules in provincias profecti sunt. Nun folgt eine empfindliche Niederlage des Marcellus: Marcellum Boiorum ingressum finis fatigato per diem totum milite via facienda castra in tumulo quodam ponentem Corolamus quidam, regulus Boiorum, cum magna manu adortus ad tria milia hominum occidit; et illustres viri aliquot in illo tumultario proelio ceciderunt, inter quos praefecti socium T. Sempronius Gracchus et M. Iunius Silanus et tribuni militum de legione secunda M. Ogulnius et P. Claudius. Das römische Lager wird darauf ohne Erfolg von den Galliern bestürmt. Sie zerstreuen sich und zwar finden wir dies mit den Worten begründet: ut est gens minime ad morae taedium ferendum patiens. Dieser Grund muss sehr oft herhalten. — Nachdem die Verwundeten wiederhergestellt waren und die Soldaten sich von dem grossen Schrecken erholt hatten, lässt Antias den Konsul eine ganz unglaubliche Tat ausführen: Marcellus Pado confestim traiecto in agrum Comensem, ubi Insubres Comensibus ad arma excitis castra habebant, legiones duxit. Galli feroces Boiorum ante dies paucos pugna, in ipso itinere proelium committunt. Der Konsul erringt mit dem bereits geschlagenen Heere einen glänzenden Sieg: in eo proelio supra quadraginta milia hominum caesa Valerius Antias scribit, octoginta septem signa militaria capta et carpenta septingenta triginta duo et aureos torques multos[1], ex quibus unum magni ponderis Claudius in capitolio Jovi donum in aede positum scribit. castra eo die Gallorum expugnata direptaque et Comum oppidum post dies paucos captum. castella inde duodetriginta ad consulem defecerunt.

Wir haben also in diesem Siegesbericht den öfters vorkommenden Fall, wo Antias und Claudius zusammen zitiert

---

[1] Es ist interessant, hieraus zu erfahren, dass Claudius für die torques keine Zahlen gab.

werden. Gewöhnlich ist die Veranlassung dazu ein gewisses
Misstrauen an einer überlieferten Nachricht. Auch hier wird
man das annehmen können. Wenn man bedenkt, dass Livius
unbedenklich die beiden Siege des Furius und des Cethegus
aus den Annalen abgeschrieben hat, wo zusammen über
70000 Insubrer als getötet angegeben wurden, so können wir
uns nicht wundern, wenn selbst er jetzt stutzig wird. Noch
einmal 40000 Tote, das war auch ihm zu viel. Er nimmt
den Claudius zur Hand und findet da wahrscheinlich nicht
so übertriebene Erfolge angegeben. Deshalb schützt er sich
für diese Angaben dadurch, dass er den Antias zitiert. Dem
Umstande aber, dass er hier zur Prüfung der Ueberlieferung
den Claudius eingesehen hat, verdanken wir noch eine sehr
wichtige Nachricht. Livius fügt am Schlusse hinzu: id
quoque inter scriptores ambigitur, (also nicht nur in dem
wiedergegebenen Zahlenangaben, sondern noch in einer
anderen Sache, meint Livius damit) utrum in Boios prius
an Insubres consul exercitum duxerit adversamque prospera
pugna oblitteravit, an victoria ad Comum parta deformata
clade in Bois accepta sit. Danach hat Claudius berichtet,
dass Marcellus zuerst bei Comum gesiegt und nachher erst
die Niederlage im Boierlande erlitten hat. Diese Version ist
natürlich die weitaus wahrscheinlichere. Die beiden Konsuln werden die Absicht gehabt haben, nach demselben Plane
zu operieren, wie die Konsuln des Vorjahres; Marcellus jenseits des Po, Furius diesseits. Der Weg zu den Insubrern
führte aber nicht durch das Gebiet der Boier, sondern ging
von Ariminum aus direkt nach Norden bis zum Po, jenseits
dieses Flusses dann durch das Gebiet der befreundeten Cenomanen. Antias hat sich auch hier einen willkürlichen
Eingriff in die wahren Vorgänge erlaubt.

c. 37 fährt der Bericht fort mit dem Aufbruch des
Konsuls L. Furius in seine Provinz: sub haec tam varia
fortuna gesta L. Furius Purpurio alter consul per tribum
Sapiniam in Boios venit. Das konnte nur Claudius sagen.
Nach Antias brachen ja beide Konsuln gemeinsam in die
Provinz auf. Dass Claudius aber auch hier vorzuziehen ist,

beweist das Vorangegangene. Wäre Furius bereits in Gallien gewesen, als Marcellus die Niederlage erlitt, so hätte er mit leichter Mühe den Konsul, der mehrere Tage lang in seinem Lager von den Boiern eingeschlossen war, zu Hülfe eilen können. Vielleicht hat ihn aber gerade erst die Niederlage seines Amtsgenossen in die Provinz gerufen.

Furius kommt zunächst bei dem Versuche in das Boierland einzudringen, in eine schwierige Lage: iam castro Mutilo adpropinquabat, cum, veritus, ne intercluderetur simul a Bois Liguribusque, exercitum eadem via, qua adduxerat, reduxit et magna circuitu per aperta eoque tuta loca ad collegam pervenit[1]). Der Konsul führt also das Heer in der Richtung auf Ariminum zurück und nimmt dann dieselbe Marschroute, wie Marcellus vor ihm, um sich schliesslich von Norden kommend mit ihm zu vereinigen. Beide Konsuln verwüsten darauf das Gebiet der Boier bis hinunter zur Stadt Felsina. Damit wird aber gewiss der Krieg sein Ende gefunden haben. Was sonst noch alles berichtet wird, von der Uebergabe der Städte und des ganzen Stammes ausser der jungen Mannschaft, werden wir einfach ablehnen müssen. Livius scheint nämlich nur den Anfang des Kapitels aus Claudius geschöpft zu haben. Am Ende jadenfalls finden wir Anzeichen für Antias[2]) und wir werden deshalb den unglaublich frech erfundenen Sieg, der zum Schluss noch berichtet wird, wo die Römer für die erlittene Niederlage Rache nehmen, (ut vix nuntium cladis hosti relinquerent) auf sein Konto setzen.

Der Erfolg des Marcellus in der Schlacht bei Comum muss allerdings ziemlich bedeutend gewesen sein, denn trotz seiner späteren Niederlage gegen die Boier wird ihm der Triumph bewilligt[3]). Dass aber auch auf römischer Seite grosse Verluste in diesen Kämpfen gewesen waren, beweist

---

[1]) Aehnlich Frontin I 1. 11. u. I 5 13.
[2]) Multa spolia hostium captivis carpentis travecta, multa militaria signa aeris lata trecenta viginti milia argenti bigati ducenta triginta quattuor milia.
[3]) Liv. XXXIII, 37. 10 u. C. I. L. I. 2 p. 48.

die Notiz bei Zonaras IX 16: οἱ δ' ὕπατοι τοῖς Γαλάταις αὖθις οὐκ ἀταλαιπώρως ἐπολέμησαν, ὅμως μέντοι καὶ τούτους ὑπέταξαν.

Nach den Erfolgen der Jahre 197 u. 196 sollte man meinen, dass mindestens die Insubrer für einige Zeit sich ruhig verhalten würden, um so überraschender ist es, wenn Livius berichtet, dass der Konsul L. Valerius Flaccus im Jahre 195 zunächst einen Sieg über die Boier und im Jahre 194 als Prokonsul einen andern über Boier und Insubrer errungen hat. Die beiden Notizen fallen durch ihre Einfachheit und Knappheit auf. Ueber die Schlacht gegen die Boier erzählt Livius XXXIV 22, 1—3: eadem aestate alter consul L. Valerius Flaccus in Gallia cum Boiorum manu propter Litanam silvam signis collatis secundo proelio conflixit. octo milia Gallorum caesa traduntur; ceteri omisso bello in vicos suos atque agros dilapsi. consul relicum aestatis circa Padum Placentiae et Cremonae exercitum habuit restituitque, quae in iis oppidis bello diruta fuerant. c. 42,2 wird noch erwähnt, dass der Konsul nach diesem Siege eine ruhige Provinz hatte. Während der Wahlen ist er in Rom und kehrt nach denselben wieder in die Provinz zurück. c. 46 heisst es dann über seinen zweiten Sieg als Prokonsul: in Gallia L. Valerius Flaccus proconsul circa Mediolanium cum Gallis Insubribus et Bois, qui Dorulato duce ad concitandos Insubres Padum transgressi erant, signis collatis depugnavit. decem milia hostium sunt caesa Diese Berichterstattung steht ganz im Gegensatz zu der Art, wie sonst die römische Annalistik ihre Siege zu verherrlichen versteht. Man hat deshalb vermutet, dass hier weder Antias noch Claudius zu uns spricht, sondern eine gute Quelle, vielleicht Piso[1]). Angenommen, es läge uns hier Piso oder eine andere gute Quelle vor, dann wären diese Notizen gute, glaubwürdige Berichte. Denn unser Urteil über Piso muss sehr günstig lauten[2]). Wir hätten also

---

[1]) So vor allem Soltau.

[2]) „An Glaubwürdigkeit übertraf er sicher die Mehrzahl der röm. Annalisten u. ausdrücklich bezeichnet ihn Plinius an 2 ver-

mit zwei Siegen des Konsuls Valerius zu rechnen, die an Grösse und Bedeutung wohl den Siegen der Jahre 197 u. 196 gleichkommen würden. Denn ungefähr um das Vierfache pflegt die schlechte römische Annalistik die feindliche Verlustziffer zu steigern[1]). Doch da wird die Sache sofort unwahrscheinlich. Nach den Erfolgen der vorangegangenen Jahre können wir zwei solche Siege nicht gut begreifen. Andererseits wird eine bedeutende Erhebung der Boier gleich nach dem zweiten Siege des Valerius im Jahre 194 berichtet, wo dieses eben besiegte Volk so stark auftritt, dass es dem Konsul Sempronius eine empfindliche Niederlage beibringt. Ferner suchen wir in den Berichten vergeblich nach den Folgen der beiden Siege. Wir finden nur, dass sie unmittelbar nach ihrer Niederlage bei Mailand die Angreifer und Sieger sind. Auch hören wir nicht, dass der Konsul den Triumph erhalten oder wenigstens begehrt hat. 5000 getötete Feinde berechtigten ja schon dazu[2]), und er hatte fast die vierfache Anzahl erschlagen. Sollte er ihn bei solchen Taten verschmäht haben? Wir sehen schon, die beiden Siege finden in dem Zusammenhange der gallischen Kriegsereignisse keinen rechten Platz, weil sie gänzlich unwahrscheinlich sind. Wir werden es deshalb ablehnen müssen, dass Livius an dieser Stelle eine gute Quelle benutzt hat. Für diese Behauptung lassen sich aber noch andere Gründe anführen. In Buch 34 werden c. 1—21 (c. 1—8 die Verhandlungen über das oppische Gesetz, c. 8—21 die Taten

---

schiedenen Stellen (fr. 10 u. 38) als gravis auctor. Eine gewisse Gewähr für die Zuverlässigkeit des Mannes auch als Schriftsteller bietet ja schon sein ganzes Leben und seine Persönlichkeit. Die strenge Rechtlichkeit, die ihn als Menschen auszeichnete, wird ihm auch in seinem Geschichtswerke jede bewusste Fälschung oder Entstellung der Ereignisse als verwerflich haben erscheinen lassen. Die Darstellung wird demnach noch verhältnissmässig frei gewesen sein von der später überwuchernden Bildung von Fälschungen und Legenden." (Cichorius in Pauly-Wissowas Real-Encycl.)

[1]) Nissen, p. 161.
[2]) Valerius Maximus II 8. 1. Vgl. Mommsen, Str. 2. Aufl. p. 131.

Catos in Spanien) die Ereignisse des Jahres 195 nach den schlechten Annalisten erzählt, wie Nissen schon erkannt hat und andere nach ihm noch genauer festgestellt haben. (Valerius Antias wird zweimal zitiert c. 10 u. c. 15). c. 22. 4.—41. 7 folgt dann die griechische Geschichte nach Polybius. Zwischen diesen beiden langen Abschnitten steht c. 22. 1—3 die kurze Notiz über die Schlacht am Litanawalde. Livius hätte demnach durch 21 Kapitel die schlechten Annalisten benutzt[1]), dann sich die kurze Notiz aus Piso geholt, um schliesslich die griechische Geschichte in 20 Kapiteln nach Polybius zu erzählen. Dies liesse sich nur unter der einen Bedingung verstehen, dass die schlechten Annalisten von den Taten des Valerius nichts gewusst haben. Nun stelle man sich einmal vor, dass ein Valerier als Konsul grosse Taten verrichtet habe, von denen Piso und vielleicht auch andere zu erzählen wussten, und Valerius Antias soll diese nicht in der beliebten Übertreibung und phantasievollen Ausmalung erzählt haben! Das ist unmöglich! Man könnte vielleicht einwenden, dass Livius den schlechten Bericht des Antias ignoriert und dafür zu einer guten Quelle gegriffen habe. Doch wo tut das Livius in der Darstellung der gallischen und ligurischen Feldzüge? Sie sind gänzlich aus den schlechten Annalisten geschöpft. Und hätte er es wirklich an dieser Stelle getan, dann hätte er sich dessen gerühmt und hätte, wie er es oft tut, erwähnt, dass er hier einer guten Quelle folge und nicht dem Antias, der die Tatsachen ganz anders berichte. Wir müssen es deshalb für ausgeschlossen halten, dass Livius die Siege des L. Valerius aus einer guten Quelle geschöpft hat. Wie dann aber diese Berichte zu beurteilen sind, ist wohl klar. Nachdem ich oben gezeigt habe, dass die Siege in dem Zusammenhange der kriegerischen Ereignisse völlig unwahrscheinlich sind — in der Notiz über die Schlacht beim Litanawalde fügt Livius selbst vorsichtig ein „traduntur" hinzu — müssen wir jetzt die Siege für Fälschungen erklären. Als solche können sie

---

[1] Valerius Antias u., wie Soltau meint, auch Claudius.

nur dem Antias zur Last gelegt werden. Für ihn wäre es schmerzlich gewesen, dass ein Valerier als Konsul in Gallien sich keine Lorbeeren errungen haben soll, dort, wo vorher und nachher so viel gekämpft worden ist. Deshalb hat er, um den Ruhm des Geschlechtes, dessen Namen er tragen durfte, zu vermehren, die beiden Siege eingeschoben. Claudius kommt garnicht in Betracht. Für Antias spricht der Umstand, dass er zweimal in diesem Buche zitiert wird, dass sich überall Spuren von ihm zeigen und dass sich vor allem unmittelbar nach dem zweiten Bericht c. 46. 2 ein unzweifelhaftes Anzeichen für ihn findet. Entscheidend für unser Urteil muss auch sein, dass Dio bzw. Zonaras nichts von diesen Taten weiss. Für Antias ist es bezeichnend, dass er den Namen eines Boierfürsten nennt, um grössere Glaubwürdigkeit zu erwecken, und dass er in der ersten Schlacht den Konsul Valerius am Litanawalde siegen lässt. Dort hatte ein römisches Heer im Jahre 216 eine schwere Niederlage erlitten. So sollte wenigstens dieser Name einen etwas besseren Klang erhalten! Ferner fällt auf, dass L. Valerius im Jahre 194 als Prokonsul fungiert, obwohl nichts von der Verlängerung des Imperiums berichtet wird. Ebenso findet sich keine Erwähnung, dass Valerius von seinem Nachfolger abgelöst wird und diesem das Heer übergibt.

Was wissen wir nun eigentlich von den Ereignissen in Gallien, müssen wir uns jetzt fragen? c. 22. 3. berichtet Livius: consul relicum aestatis circa Padum Placentiae et Cremonae exercitum habuit restituitque, quae in iis oppidis bello diruta fuerant. Das können wir sehr gut verstehen, dass man jetzt daran geht, in Cremona und Placentia die Schäden des Krieges zu heilen. Im übrigen wird der Konsul, wie c. 42 erwähnt wird, eine ruhige Provinz gehabt haben. Er kehrte zu den Wahlen nach Rom zurück und wird kaum die Stadt wieder verlassen haben. Während dieser Zeit rüsten sich die Boier zu einem Kriege, den sie 194 nicht ohne Erfolg beginnen.

Nachdem ich nachzuweisen versucht habe, dass die Siege des Konsuls L. Valerius Flaccus in den Jahren 195 und 194 erfunden sind, muss die endgiltige Unterwerfung der Insubrer bereits im Jahre 196 angesetzt werden [1]).

Fasse ich nun noch einmal ganz kurz die Ergebnisse meiner Untersuchungen zusammen, so ergibt sich folgender Verlauf der Kämpfe mit den Insubrern: Im Jahre 200 erheben sich nur die Insubrer unter Führung des Karthagers Hamilkar und bedrohen Cremona und Placentia. Sie werden aber von dem Praetor Furius zurückgeschlagen [2]). Dieselben eben siegreichen römischen Legionen erleiden darauf im Jahre 199 eine furchtbare Niederlage im Gebiete der Insubrer, die den Fall von Placentia nach sich zieht. Auf diese Erfolge hin wächst die gallische Bewegung und im Jahre 197 ist fast ganz Oberitalien unter den Waffen. Nun sendet Rom beide Konsuln gegen die Gallier aus. Der eine, Cornelius Cethegus, besiegt in einer grossen Schlacht am Mincius die Insubrer und nimmt Hamilkar gefangen [3]). Im

---

[1]) Vergl. Mommsen Röm. Gesch. p. 664 6. Aufl.

[2]) Um den Ort der Schlacht festzustellen, kann man sich auf die Darstellung des Livius in keiner Weise stützen. Doch mag das schnelle Handeln des Praetors — er wartet die Ankunft des Konsuls nicht ab — die Veranlassung gehabt haben, dass sich die beiden Kolonien vielleicht schon in diesem Jahre in Gefahr befanden, und damit liesse sich wohl eine Ueberlieferung bei Plinius N. H. VII. 29., die wohl auf dieses Jahr zu beziehen ist, vereinigen. Danach hat ein Praetor M. Sergius eine Rede gehalten, als er von seinen Kollegen als ein „debilis" von den heiligen Gebräuchen der Praetur ausgeschlossen werden sollte. In der Rede rühmt er seine Tapferkeit, und bei der Aufzählung seiner Taten heisst es am Ende: Cremonam obsidione exemit, Placentiam tutatus est. Nun ist Sergius im Jahre 197 Praetor gewesen. Seine Taten gehören also in ein Jahr vor 197, wo in Gallien glücklich gekämpft worden sein muss, und da wäre am wahrscheinlichsten das Jahr 200. Der Entsatz Cremonas würde dann durch den Sieg des Furius erfolgt sein, und Cremona könnte als Schlachtort gelten.

[3]) Ein kleines Inschriftfragment, in dem von den Cenomani die Rede gewesen sein muss, dürfte sich, wie Mommsen erkannt hat, auf diesen Sieg des Cornelius beziehen, und könnte vielleicht zu seinem Elogium gehören. C. I. L. I² p. 341.

nächsten Jahre hat dann der Konsul M. Claudius Marcellus die leichte Aufgabe, den letzten Widerstand zu brechen und die Unterwerfung des ganzen Landes entgegenzunehmen.

Leider ist uns nicht überliefert, wie Rom die Insubrer für ihren Abfall bestraft hat. Es gilt aber als das Wahrscheinlichste, dass sie in ihrer Selbständigkeit und Verfassung bestehen bleiben und den ungeschmälerten Besitz ihres Landes behalten durften. Man wollte diese Völker nicht vernichten oder völlig wehrlos machen. Der weit blickenden römischen Politik blieben die Bewegungen und Völkerschiebungen hinter den Alpen nicht verborgen. Die unruhigen Elemente im Norden bildeten für Rom stets eine Gefahr. Bei einem Einfalle konnten aber die italischen Kelten eine treffliche Vormauer bilden und den ersten Ansturm aufhalten. Man begnügte sich deshalb bei den Insubrern mit einem ähnlichen Abhängigkeitsverhältnis, wie schon vor dem hannibalischen Kriege bei den Venetern und Cenomanen[1]. Ihre keltische Nationalität haben sie nicht lange bewahrt[2].

Die Erhebung der Insubrer ist anzusehen als eine Abwehr dieses Volkes gegen die römische Herrschaft und als ein Auflehnen gegen die ihnen für ihren Abfall zu Hannibal bevorstehende Bestrafung. Durch den karthagischen Offizier Hamilkar gewann sie einige Bedeutung. Mit dessen Gefangennahme erlahmte bald die Energie der Insubrer, und der anfangs mit so grosser Kraft geführte Kampf endete mit einer schnellen Unterwerfung.

B. Die Unterwerfung der Boier.

In den Kämpfen in Oberitalien vom Jahre 200—196 hatten die Boier nur eine sekundäre Rolle gespielt. Entscheidende Schläge waren von seiten der Römer gegen sie nicht geführt worden. Es hat dies auch sicher nicht in der Absicht der Römer gelegen. Der Plan war vielmehr der,

---

[1] Cic. pro Balbo: in Insubrium foedere cum Romanis exceptum est, ne quis eorum a nobis civis recipiatur.
[2] s. Mommsen R. G. 1 p. 664. 6. Aufl.

zunächst die Insubrer unschädlich zu machen. Sobald dies gelungen war, standen die Boier isoliert da, und ihre Unterwerfung konnte dann leichter durchgeführt werden. Während dieser Zeit musste man sie in ihrem eigenen Lande festhalten und eine Verbindung mit den Insubrern verhindern. Das war im Jahre 197 durch den Einfall des Konsuls Minucius im letzten Augenblick gelungen. Die Boier ihrerseits beunruhigten natürlich die römischen Heere fortwährend und suchten jede Gelegenheit, wo sie ihnen schaden konnten. Dem gegen die Insubrer im Jahre 196 siegreichen Konsul M. Claudius Marcellus brachten sie sogar eine schwere Niederlage bei. Als dieser im Lande der Insubrer nichts mehr zu tun fand, rückte er von Norden her in das Gebiet der Boier ein, um auch deren Widerstand noch zu brechen. Bei dem Aufschlagen eines Lagers wurden aber die Römer unvermutet von den Boiern überfallen und gegen 3000 von ihnen getötet. Der Konsul geriet in eine sehr schwierige Lage, aus der er erst durch die Ankunft des Amtsgenossen befreit wurde. Wenn auch die beiden Konsuln darauf gemeinsam das Land der Boier verwüsteten, so standen dennoch die Boier im Jahre 196 in ihrer Wehrkraft noch völlig ungeschwächt da. Sie zu unterwerfen, war die Aufgabe der nächsten Zeit. Das folgende Jahr verlief allerdings noch ruhig. Der Konsul L. Valerius Flaccus bemühte sich in Placentia und Cremona die Schäden, die der Krieg dort verursacht hatte, zu heilen. Eine grössere Aktion wurde wohl auch wegen des spanischen Krieges nicht unternommen, für den ein bedeutendes Heer unter Cato abgesandt worden war. Vom Jahre 194 ab wird aber alljährlich gegen sie gekämpft, bis sie im Jahre 191 endlich zur bedingungslosen Uebergabe bereit sein mussten.

Bei der Untersuchung der Kämpfe mit den Boiern sind wir noch viel mehr auf Livius als einzige Quelle beschränkt als bei den Kämpfen von 200—196. Zonaras erwähnt nur den letzten Krieg im Jahre 191. Die früheren Kämpfe sind ihm zu unbedeutend. Livius aber hat natürlich fast in allen Jahren breite, ausführliche Schlachtenschilderungen.

Ueber seine Quellen und den Wert seiner Nachrichten will ich zunächst eine kurze Untersuchung anstellen.

Für den Krieg vom Jahre 194 haben wir Liv. XXXIV. 46,3—48,1 einen langen Bericht. Er enthält aber nur von Anfang bis zu Ende die Beschreibung einer Schlacht, die die Boier dem Konsul Tib. Sempronius lieferten.

Der Zweck dieser ausgedehnten Schilderung ist ganz durchsichtig. Die Römer haben wahrscheinlich eine Niederlage erlitten oder mindestens ohne Entscheidung gekämpft. Die Verluste aber waren sehr gross. 5000 Römer werden als gefallen angegeben. Um nun diese Tatsache zu vertuschen oder dem römischen Leserpublikum wenigstens begreiflich zu machen, erzählt der Annalist, was das für eine langwierige, schwierige, blutige Schlacht war. Unter Anspannung aller Kräfte und durch die allergrösste Ausdauer wird schliesslich ein Erfolg errungen. Viele tapfere Männer haben sich hier rühmlich ausgezeichnet. Ihre Namen weiss der Annalist zu berichten. Von den Feinden werden natürlich 11000 erschlagen! Der Verfasser dieses Berichtes ist vermutlich wieder Antias. c. 48. 1—3 ist er ohne Zweifel die Quelle. § 4 setzt unser Kampf ein. Schon vorher konnten wir die Eigentümlichkeit des Antias beobachten, nach der Gefangennahme des Hamilkar Namen anderer gallischer Heerführer zu nennen. So führt im Jahre 196 Corolamus sein Volk gegen den Konsul Marcellus zum Siege. Am Beginn des Jahres 194 steht Dorulatus an der Spitze der Empörung und wird von dem Konsul L. Valerius geschlagen. (vergl. oben p. 58 u. 61 ff.) Jetzt ist die Seele des Aufstandes der Regulus Boiorix[1]) mit zwei seiner Brüder. Dann kommt die Anführung so vieler römischer Namen in einer verhältnissmässig doch unbedeutenden Schlacht allein dem Antias zu[2]). Schliesslich findet sich noch eine Ueber-

---

[1]) Boiorix hiess auch der Cimbernkönig, der in der Schlacht bei Vercellae fiel. Liv. epit. 67. Plut. Marius 25. etc.

[2]) Mit Rücksicht auf den Konsul wird noch ein Sempronier angeführt. Weil im Jahre 216 L. Postumius eine Niederlage gegen die Boier am Litanawalde erlitten hatte, hatte Antias dem Konsul L.

stimmung mit anderen valerischen Stücken darin, dass auch hier die geringe Ausdauer der Gallier im Kampfe ihren Sieg über die Römer vereitelt. Fast wörtlich wird dasselbe ein Jahr vorher und ein Jahr nachher berichtet[1]). Sonst näher auf den Bericht einzugehen, ist bei seiner völligen Wertlosigkeit unnötig. Wir können nur das Eine konstatieren, dass der erste energische Versuch, die Boier zu unterwerfen, missglückt ist.

Im folgenden Jahre wird wiederum eine grosse Schlacht geschlagen, in der die Römer unter dem Konsul L. Cornelius einen sehr bedenklichen Sieg erringen. Nach einem sehr langen hin und herwogendem Kampfe fliehen endlich die Feinde, und das Resultat ist folgendes: (Liv. XXXV. 5. 3.) Quattuordecim milia Boiorum eo die sunt caesa, vivi capti mille nonaginta duo, equites septingenti viginti unus, tres duces eorum, signa militaria ducenta duodecim, carpenta sexaginta tria. nec Romanis incruenta victoria fuit; supra quinque milia militum, ipsorum aut sociorum, amissa centuriones tres et viginti, praefecti socium quattuor et M. Genucius et Q. et M. Marcii tribuni militum secundae legionis. Es bedarf wohl keines besonderen Beweises, dass auch hier Antias vorliegt. Die Schilderung der Schlacht ist von derselben grossen Ausdehnung, wie die eben besprochene

---

Valerius im Jahre 195 über die Boier an derselben Stelle siegen lassen, jetzt lässt er einen anderen L. Postumius den Heldentod gegen die Boier sterben. Zwei Atinier werden genannt. Der bekannteste Vertreter dieser gens ist jener Atinius Labeo, der als Volkstribun im Jahre 131 Q. Caecilius Metellus auf offener Strasse verhaften liess, weil er ihn aus dem Senate gestossen hatte. Im übrigen taucht dieses Geschlecht erst seit dem 2. punischen Kriege auf. Die hier genannten würden, wenn sie historische Persönlichkeiten sein würden, mit die ersten sein. Schliesslich würde der Victorier, der noch erwähnt wird, der einzige bekannte Vertreter seines Geschlechts in der Zeit der Republik sein. vergl. W. Schulze, Zur Gesch. lat. Eigennamen. p. 260.

[1]) Vgl. XXXIII. 36. 8. minime patiens ad morae taedium ferendum XXXIV. 47. 5. Labor et aestus et minime patientia sitis. XXXV. 5. 7: minime patientia aestus.

und ist als solche nicht zu verwenden. Antias hat eben das Bestreben, den spröden, trocknen Stoff durch glänzende Darstellungen, die er aus seiner Phantasie schöpfte, zu beleben und zu erweitern. Wie wenig er dabei die historischen Tatsachen und den wirklichen Verlauf der Dinge berücksichtigte, ist schon hervorgehoben worden. Auch hier finden wir wieder Beispiele seines willkürlichen Verfahrens. Am Ende des zweiten Kapitels wird er zitiert. Mit dem vierten Kapitel beginnt der gallische Krieg, wo ich Antias als Quelle bereits feststellte. Das dazwischen liegende dritte Kapitel behandelt den Krieg in Ligurien. Zwischen diesem Kapitel und dem Anfang von c. 4 findet sich nun eine ganz merkwürdige Uebereinstimmung: Die Szene ist gewechselt, die Handlung ist dieselbe geblieben, nur dass in Gallien die Römer die Rolle übernommen haben, die vorher die Ligurer gespielt haben.

 c. 3 heisst es: Ligures in aciem exibant.
 c. 4 heisst es: consul in aciem exibat.
 c. 3 heisst es: consul in aciem exire non audebat.
 c. 4 heisst es: hostes pugnam detractabant.
 c. 3 heisst es: Ligures multas manus ad praedandum mittebant.
 c. 4 heisst es: praedatum discurrebant Romani.

Und während in Ligurien die Römer die unfreiwilligen Zuschauer sein müssen und die Plünderungszüge der Feinde nicht hindern können, lassen in Gallien die Boier lieber ihr Eigentum ungestraft rauben, als dass sie mit den Römern einen Kampf wagen. Nur ungern musste Antias in Ligurien die grosse Untätigkeit des römischen Heeres berichten, in Gallien glaubte er sich dafür entschädigen zu können.

An das, was in c. 3—5 erzählt wird, schliesst sich der Anfang von c. 6 sehr gut an. Es liegt keine Veranlassung vor, hier eine neue Quelle anzunehmen. Wenn es § 2 von Minucius heisst: ceterum adeo suspensa omnia in Liguribus se habere und § 3 von L. Cornelius: qui profligatum bellum habere, so ist das eine Bestätigung dessen, was vorher in c. 3—5 erzählt worden ist.

Also ist es auch Antias, der uns im folgenden den Inhalt eines Briefes des Konsularen M. Claudius Marcellus über die Schlacht bei Mutina wiedergibt, in dem der Sieg zwar nicht bezweifelt wird, die Verdienste des Konsuls Cornelius aber direkt bestritten werden. Ich will die Frage nicht entscheiden, ob Antias auf Grund der Tatsache, dass Marcellus die Leitung der Schlacht in einem Briefe tadelte, den Inhalt des Briefes erfunden hat, oder ob er ihn wirklich in dieser Fassung in seinen Quellen vorfand. Auf die Schilderung der Schlacht hat er jedenfalls gar keinen Einfluss ausgeübt. Immerhin müssen die Vorwürfe berechtigt gewesen sein. Das erkennen wir aus der Tatsache, dass dem Konsul Cornelius der Triumph verweigert wird[1]). (Liv XXXV. 8.)

Für das Jahr 192 haben wir über die Tätigkeit der Konsuln im Boierlande zwei Berichte, c. 22 und c. 40, die eine genaue Prüfung erfordern. Sie lauten: c. 22. 3—4. consules, quando nihil ab Antiocho instaret, proficisci ambo in provincias placuit. Domitius ab Arimino, qua proximum fuit, Quinctius per Ligures in Boios venit. duo consulum agmina diversa late agrum hostium pervastarunt. primo equites eorum pauci cum praefectis, deinde universus senatus, postremo in quibus aut fortuna aliqua aut dignitas erat, ad mille quingenti ad consules transfugerunt. c. 40. 2—4. consulibus designatis — inde namque deverteram — L. Quinctius et Cn. Domitius consules in provincias profecti sunt, Quinctius in Ligures, Domitius adversus Boios. Boi quieverunt, atque etiam senatus eorum cum liberis et praefecti cum equitatu — summa omnium mille et quingenti — consuli dediderunt se. ab altero consule ager Ligurum late est vastatus castellaque aliquot capta, unde non praeda modo omnis generis cum captivis parta,

---

[1]) Wir brauchen nicht näher auf den Inhalt des Kapitels 8 einzugehen. Wahrscheinlich stammt es aus Antias. Erwähnenswert mag vielleicht sein, dass der Konsul seinen Gegner M. Claudius Marcellus als Stellvertreter bei dem Heere zurückgelassen haben soll, weil er dessen Opposition bei den Verhandlungen über seinen Triumph fürchtete.

sed recepti quoque aliquot cives sociique, qui in hostium potestate fuerant.

Es steht wohl fest, dass der zweite Bericht durch Benutzung einer neuen Quelle seinen Eingang in die Darstellung des Livius gefunden hat. Diese neue Quelle stimmt fast wörtlich in der Tatsache der freiwilligen Unterwerfung eines Teiles des boischen Adels mit der im c. 22 benutzten Quelle überein, unterscheidet sich aber von dieser in zwei wesentlichen Punkten:

1) c. 40 brechen die Konsuln erst nach den Neuwahlen in die Provinz auf, c. 22 vor denselben.

2) c. 40 wendet sich Domitius allein gegen die Boier, Quinctius gegen die Ligurer. c. 22 dringt Domitius ab Arimino, Quinctius per Ligures in das Gebiet der Boier ein. Infolgedessen führt Quinctius nach c. 40 in Ligurien Taten aus, von denen die andere Quelle nichts weiss. —

Nun ist deutlich zu erkennen, dass die in c. 22 ausgeschriebene Quelle die Grundlage der ganzen Darstellung des 35. Buches von c. 20 ab bildet, sodass also der zweite Bericht in c. 40 dem bisher Gesagten völlig widerspricht. Als Beweis dafür erwähne ich kurz die in Betracht kommenden Stellen:

c. 20. 7. Cn. Domitio extra Italiam, quo senatus censuisset, provincia evenit, L. Quinctio Gallia et comitia habenda. Man fürchtete nämlich noch in diesem Jahre den Ausbruch des Krieges mit Antiochus. Die Rückkehr der an ihn geschickten Gesandten sollte die Frage entscheiden. Es wird deshalb für Domitius als Beschluss des Senates hinzugefügt c. 20. 14: priusquam ii redissent, vetuerat Cn. Domitium consulem senatus discedere ab urbe. c. 21 sind beide Konsuln noch in Rom. c. 22 kehren die Gesandten mit günstigen Nachrichten zurück, und es wird deshalb beschlossen, c. 22. 3.: consules, quando nihil ab Antiocho instare, proficisci ambo in provincias placuit. Nun mehren sich aber die Anzeichen dafür, dass im nächsten Jahre der Krieg unvermeidlich sein würde. c. 24: cum alii atque alii nuntii bellum instare adferrent, ad rem pertinere visum est consules primo quoque tempore creari. Der Konsul

Quinctius wird deshalb zur Abhaltung der Wahlen nach Rom gerufen. c. 24. 3: paruit iis litteris consul et praemisso edicto Romam venit.

c. 25- c. 39 folgen dann die griechischen Angelegenheiten und c. 41 sehen wir den Consul Quinctius noch in Rom die Aushebungen vornehmen und die Vorbereitungen für den neuen Krieg treffen.

Es fragt sich nun, ob die Quelle, der Livius hier fast ausschliesslich folgt, die richtige Darstellung der Verhältnisse bietet. Diese Frage werden wir unbedenklich bejahen können. Abgesehen davon, dass der Proconsul Minucius in Ligurien kämpfte, und dieser bei den Taten des Quinctius gar keine Erwähnung findet, haben wir sogar ein ganz sicheres Zeugnis, das Quinctius nicht in Ligurien, sondern in Gallien gewesen ist. Livius berichtet in Buch 39 c. 42, dass der Konsular L. Quinctius von Cato während dessen Censur aus dem Senate gestossen wurde. Im folgenden erzählt er eine von dessen Schandtaten in Gallien, deretwegen er von Cato besonders heftig angegriffen wurde. Während er einst in Gallien bei einem Mahle sass, habe ein vornehmer Boier mit seiner Familie sich bei ihm dem Konsul als Ueberläufer anmelden lassen. Um einen seiner unwürdigen Zechgenossen ein Schauspiel zu bereiten, habe er den Boier mit dem Schwerte in frevelhaftem Uebermute erschlagen. Als Gewährsmann für diese Erzählung führt Livius keinen geringeren als Cato selbst an, dessen Anklagerede er gelesen hat.[1]) Wir werden also den Bericht in c. 40 ohne weiteres streichen können, einmal, weil er eine Wiederholung der in c. 22 erwähnten Tatsachen bringt, dann aber auch deshalb, weil er in wesentlichen Punkten von der von Livius gegebenen Darstellung abweicht, die sich durch die bei Livius benutzte Rede des Cato als richtig erweist.

Ich will nun noch versuchen, die Namen der beiden Quellen festzustellen. Da wohl nur Antias und Claudius

---

[1]) Etwas anders als Cato berichten Valerius Antias bei Livius, Cicero u. Plutarch den Vorfall (S. Nissen p. 225). Die Abweichungen sind aber unwesentlich und ändern nichts in der Beurteilung der Tat.

in Frage kommen, und wir beide auch im 35. Buche citiert finden, Antias c. 2. S. Claudius c. 14. 5, so handelt es sich nur darum, festzustellen, wo Antias und wo Claudius benutzt ist. Ich habe schon gezeigt, dass in dem Anfange des Buches, wahrscheinlich bis c. 10, Antias ausschliesslich die Quelle sein muss. c. 11 werden dann Ereignisse aus Ligurien berichtet, bei denen man, wie Weissenborn und Nissen schon beobachtet haben, eine andere Situation als die in c. 3. geschilderte voraussetzen muss. Ich werde bei der Behandlung der ligurischen Kriege noch einen Grund anführen können, warum hier Claudius als Quelle anzunehmen ist. Bei den folgenden annalistischen Teilen des 35. Buches lässt uns leider unsere bisher angewandte Methode, zunächst an gewissen Anzeichen die Stücke des Valerius Antias festzustellen, im Stich. Doch gibt es vielleicht einen anderen Weg. Nach c. 40 zieht der Konsul Quinctius nach Ligurien. Der hier benützte Annalist setzte also Ligurien als seine Provinz voraus, im Gegensatz zu dem andern Annalisten, der ihn nach Gallien ziehen und nach seiner Abberufung zu den Wahlen den Rest des Jahres in Rom bleiben lässt. Nun gibt es noch eine Stelle im 35. Buche, die aus demselben Annalisten wie c. 40 geschöpft zu sein scheint. c. 21. 7. heisst es: priusquam L. Quinctius consul in provinciam perveniret, Q. Minucius in agro Pisano cum Liguribus signis collatis pugnavit. Das kann doch nur so zu verstehen sein, dass mit provincia Ligurien gemeint ist; denn es wäre eine merkwürdige Zeitbestimmung, wenn es heissen müsste, bevor der Konsul in seine Provinz Gallien gelangte, lieferte Minucius den Ligurern ein Treffen. Nun ist ohne Zweifel dieser Abschnitt mit c. 3. 1—6 in Verbindung zu bringen. Das ergibt eine Vergleichnung der Schlusssätze in beiden Stücken, welche lauten: c. 3. 5. Ligures mittebant passim multas manus per extrema finium ad praedandum et cum coacta vis magna pecorum praedaeque esset, paratum erat praesidium, per quos in castella eorum vicosque ageretur. c. 21. 11. Minucius castella vicosque eorum igni ferroque pervastavit ibi praeda

Etrusca, quae missa a populatoribus fuerat, repletus est miles Romanus. Nun habe ich in c. 3 Antias bereits als Quelle festgestellt (p. 67 ff.), es ist deshalb c. 21. 7—11 und c. 40. 1—4 Antias ebenfalls als Quelle anzunehmen, während Claudius von c. 20 an die eigentliche Grundlage der annalistischen Partien sein muss. Livius hat also von c. 11 an die Darstellung des Claudius vorgezogen und, wie wir gesehen haben, mit voller Berechtigung. Nach dieser Feststellung lässt sich auch eine Erklärung für die Wiederholung in c. 40 geben. Livius kehrt mit c. 40 von den griechischen Angelegenheiten zur Schilderung der Verhältnisse in Rom und in Italien zurück. Dabei findet er bei Antias den in c. 40, 1—4 wiedergegebenen Bericht, den Claudius in diesem Zusammenhange natürlich nicht mehr haben konnte. Er erinnert sich nicht, dass er nach Claudius diese Dinge bereits in c. 22 erzählt hat, und er erzählt sie noch einmal, um in demselben c. 40 sich wieder Claudius anzuschliessen, wobei ihn absolut nicht stört, dass der Konsul Quinctius nun doch in Rom ist, und Truppen ausheben muss. Andererseits ist hiermit ein neuer Beweis für die grosse Unzuverlässigkeit des Antias gegeben. Er vermeidet es, beide Konsuln gegen die Gallier ins Feld ziehen zu lassen, lässt lieber den einen in Ligurien Taten ausführen, die er fast genau so schon einmal berichtet hat[1]). Ueber den Wert dieser ligurischen Kriegsnachrichten werde ich später noch zu sprechen haben. c. 21. 7—11 ist wahrscheinlich auch nur aus Antias in die Darstellung des Claudius eingeschoben, weil er darüber bei diesem Annalisten nichts gefunden hatte.

Für die endgiltige Unterwerfung der Boier im Jahre 191 hat Livius seinen Bericht wieder aus Antias geschöpft. Für den ersten Teil des 36. Buches c. 1—4, wo die Verteilung der Provinzen vorgenommen wird und die Vorbereitungen für den Krieg mit Antiochus getroffen werden, hat er allerdings noch Claudius zu Grunde gelegt. Das war notwendig, um mit den im Buch 35 erwähnten Anordnungen

---

[1]) Aehnlich ist Antias XXXII. 29. 6. verfahren.

des Konsuls Quinctius in Uebereinstimmung zu bleiben. c. 5—35 erzählt er dann die östlichen Angelegenheiten, um von c. 36—40 die westlichen nach Antias zu berichten, den er zweimal c. 36. 4 und c. 38. 6 citiert.

c. 37. 6 heisst es über den Autbruch des Konsuls P. Cornelius nach Gallien: consul in provinciam proficiscitur atque inde Cn. Domitium proconsulem dimisso exercitu Romam decedere iussit: ipse in agrum Boiorum legiones induxit. Nach Claudius c. 1. 9 sollte dieses Heer nach Rom zurückgeführt werden, um es eventuell als ein Reserveheer verwenden zu können. Im folgenden erfahren wir leider nichts darüber, warum in diesem Jahre noch einmal gegen die Boier gekämpft werden musste, nachdem doch im vorigen Jahre der gesamte Senat und sehr viele Begüterte und Reiche zu den Römern übergegangen waren. Es wäre doch interessant zu wissen, welche Elemente jetzt noch einmal den Kampf wagen. Wir hören nur von einem sehr bedeutenden Siege des Konsuls, den uns Livius in kürzester Fassung wiedergibt. C. 38. 5 heisst es: duobus fere post mensibus P. Cornelius consul Boiorum exercitu signis collatis egregie pugnavit. Duodetriginta milia hostium occisa Antias Valerius scribit, capta tria milia et quadringentos, signa militaria centum viginti quattuor, equos mille ducentos triginta, carpenta ducenta quadringenta septem. ex victoribus mille quadringentos octoginta quattuor cecidisse. ubi ut in numero scriptori parum fidei sit, quia in augendo eo non alius intemperantior est, magnam tamen victoriam fuisse apparet, quod et castra capta sunt et Boi post eam pugnam extemplo dediderunt sese et quod supplicatio eius victoriae causa decreta ab senatu victimaeque maiores caesae. Livius scheint sich bei diesem Bericht mit einem kurzen Auszuge begnügt zu habeu.

Wichtiger aber ist die Notiz, die uns c. 39. 3 über das Schicksal der Boier nach ihrer Unterwerfung gegeben wird. P. Cornelius consul obsidibus a Boiorum gente acceptis agri parte fere dimidia eos multavit, quo, si vellet, populus Romanus colonias mittere posset. Dass den Boiern fast die Hälfte ihres Landes genommen worden sein soll, brauchen wir nicht als eine sichere Ueberlieferung anzusehen. Wenn gesagt wird, parte fere dimidia multavit, so klingt das zu unbestimmt. Das eine aber mag gewiss sein, dass die Römer mit grosser Strenge den Abfall und den langen Widerstand dieses Volkes bestraft haben. Gewöhnlich wurde ein Drittel des eroberten Gebietes eingezogen. In diesem Falle wird Rom das Land genommen haben, was es für seine Colonisationszwecke für geeignet hielt. Immerhin bedeutete dies ein ungleich schärferes Vorgehen als vorher gegen die unterworfenen Insubrer. Nach Strabo V p. 216 sollen die Boier von den Römern aus ihren Sitzen vertrieben worden sein. In dieser Frage hat bereits Mommsen das Wort ergriffen (Röm. Gesch. I[6] p. 666) und darauf hingewiesen, dass der Irrtum Strabos durch Namensgleichheit entstanden ist. „Um das Verschwinden der italischen Boier zu erklären, bedarf es der Annahme einer gewaltsamen Vertreibung nicht, verschwinden doch auch die übrigen keltischen Völkerschaften obwohl von Krieg und Kolonisierung in weit minderem Grade heimgesucht, nicht viel weniger rasch und vollständig aus der Reihe der italischen Nationen." In diesem Sinne ist wohl auch nur die Nachricht des Plinius III. 116 aufzufassen: in hoc tractu interierunt Boi.

Der Konsul P. Cornelius erhielt in Rom für seine Erfolge den Triumph bewilligt. Valerius Antias benutzt wieder diese Gelegenheit, um inhaltslose Reden für und gegen den Triumph zu erdichten. In den acta triumphorum ist nur der obere Teil der mittleren 4 Buchstaben von Cornelius erhalten. Zonaras IX. 19. erwähnt nur die Tatsache, dass mit den Boiern gekämpft worden ist; da er aber die früheren Kämpfe unerwähnt gelassen hat, so muss er wohl diesen für den wichtigsten gehalten haben.

Liv. XXXVII. 2. 5. finden wir dann noch eine Nachricht, aus der hervorgeht, dass P. Cornelius im nächsten Jahre noch einmal als Prokonsul nach Gallien gegangen ist, um wahrscheinlich die Bestimmungen des Senats zur Ausführung zu bringen. Für die Kolonisierung sind noch einige spätere Notizen heranzuziehen.

Trotz des äusserlich sehr umfangreichen Quellenmaterials über die Unterwerfung der Boier ist ein innerer Zusammenhang der Ereignisse nicht gegeben. Es liess sich aber aus dem Verlauf der Kämpfe so viel erkennen, dass in den Jahren 194 und 193 unentschieden und auf beiden Seiten mit grossen Verlusten gekämpft wurde, dass im Jahre 192, als beide Konsuln gegen die Boier ins Feld zogen, ihre Kraft erlahmte und dass im folgenden Jahre Scipio Nasica den entscheidenden Schlag gegen sie führen konnte. Das sind die wichtigen Tatsachen, denen gegenüber die langatmigen Berichte bei Livius wertlos sind. Dem Annalisten kam es eben nur darauf an, spannende Schlachtenbilder zu liefern. Die schufen Rethorik und Phantasie. Hatte man erzählt, wie heiss und blutig die Schlacht war, wie viele Tausende von Feinden erschlagen wurden, wie gross die Siegesbeute war, so war genug getan. Mehr durfte der Leser nicht verlangen. Einen inneren, chronologischen Verlauf der Dinge festzustellen war überflüssig. Schliesslich haben ja doch die Römer alle Völker besiegt! Den Ruhm ihrer Taten noch zu vergrössern, das war ihre Aufgabe.

Mit der Unterwerfung der Boier war der letzte Widerstand der Gallier in Oberitalien gebrochen. Boier und Insubrer waren es ja auch allein, die den Kampf mit Rom gewagt hatten. Dass sie schliesslich unterliegen mussten, lag in den gegenseitigen Machtverhältnissen begründet. Dass sie aber nach dem 2. punischen Kriege noch durch 10 Jahre zu widerstehen vermochte, gereicht ihnen zu grosser Ehre.

Nun stand die ganze Ebene zwischen Alpen und Apennin unter römischen Einfluss. Denn die übrigen Völker, die Tauriner, Libeker, Laever, Cenomanen und die Veneter hatten ja von einer Beteiligung am Kampfe abgesehen und vorher ihr Abkommen mit Rom getroffen.

In den folgenden Jahren war Gallien fast regelmässig der Amtsbezirk eines Konsuls oder Prätors, der die Aufgabe hatte, die Verhältnisse zu ordnen und zu regeln. Im Jahre 187 baute der Konsul M. Aemilius Lepidus eine grosse

Heerstrasse mitten durch das Land der Boier, die nach ihm benannte via Aemilia. Sie war ein Fortsetzung der via Flaminia und führte von Ariminum über Bononia nach Placentia. Eine zweite Strasse baute sein Amtsgenosse C. Flaminius von Arretium über den Apennin nach Bononia, die mit der späteren via Cassia zusammenfiel¹). Durch diese beiden Strassen war das Land militärisch gesichert. Auch zur Verteidigung, aber mehr zur Ausbreitung römischer Kultur und römischen Einflusses dienten eine Anzahl von Kolonien, die in dem Gebiete der Boier angelegt wurden. Gewöhnlich wählte man dazu schon vorhandene Städte aus. Zunächst aber willfahrte man gern einer Bitte von Cremona und Placentia um Verstärkung ihrer durch Krieg und Krankheit sehr stark zusammengeschmolzenen Kolonien. Denn dies war eine Ehrenpflicht, die der Senat sofort zu erfüllen hatte. Hatten doch durch fast drei Jahrzehnte diese beiden wackeren Städte die grössten Kriegsdrangsale über sich ergehen lassen müssen. Man beschliesst sofort 6000 Kolonisten dahin abgehen zu lassen²). Im folgenden Jahre wird nach Bononia, der alten Hauptstadt der Boier, eine Kolonie von 3000 Bürgern gesandt³). Durch die beiden neu angelegten Strassen wurde dieser Ort ein wichtiger Knotenpunkt des norditalischen Strassennetzes⁴). Zwei kleinere Kolonien wurden im Jahre 183 nach Potentia und Pisaurum gelegt⁵). Das Land, das die Kolonisten empfingen, gehörte zwar nicht den Boiern, sondern es war den senonischen Galliern schon früher ab-

---

¹) Ueber die via Aemilia s. C. I. L. I. 535—587. Falsch berichtet über den oberitalischen Strassenbau Strabo V. p. 111.
²) Liv. XXXVII 56. Die grosse Zahl der Kolonisten muss auffallen.
³) Liv. XXXVII. 57. Vell. I. 15. Hülsen in Pauly-Wissowas Real-Enc. III. p. 702 nimmt an, dass Bononia bereits im Jahre 196 in den Besitz der Römer überging. Zu dieser Auffassung bietet Liv. XXXVIII. 37. 4. gar keinen Anlass.
⁴) Von Bononia aus ging schliesslich auch die Strasse, die einige Jahre später bis nach Aquileia gebaut wurde.
⁵) Liv. XXXIX. 44. 10. Vell. I. 15.

genommen worden. Die Anlage dieser beiden Kolonien konnte aber erst jetzt nach Unterwerfung der Boier Bedeutung erlangen. Gleich darauf im Jahre 183 werden noch zwei Kolonien von je 2000 Bürgern nach Mutina und Parma gelegt[1]). Als vorläufiger Abschluss der römischen Kolonisationstätigkeit in Oberitalien muss schliesslich noch die Neugründung von Aquileia im Jahre 181 erwähnt werden[2]). Sie sollte ein Bollwerk gegen diejenigen Gallier bilden, die über die Alpen kamen und in Italien sich anzusiedeln versuchten[3]). Die Bedeutung, die man dieser Schöpfung beilegte, beweist am besten, dass unter den Triumviren zwei hervorragende Konsulare waren, P. Scipio Nasica und C. Flaminius, und dass sie 3000 römische Bürger dahin führten, eine Zahl, die man im Jahre 169 noch um 1500 Kolonisten verstärkte. Mit dem oberitalischen Strassennetze wurde diese Stadt wahrscheinlich schon im Jahre 175 verbunden[4]). — Durch solche Massnahmen schritt die Romanisierung von Oberitalien sehr schnell vorwärts. Besonders die Reste der Boier, die die furchtbar blutigen Kämpfe mit den Römern noch überlebt hatten, tauchten bald unter und verschmolzen mit den römischen Ansiedlern, sodass Plinius mit Recht sagen konnte: in hoc tractu interierunt Boi.

---

[1]) Liv. XXXIX. 55. 7.
[2]) Liv. XL 34. 2,
[3]) Liv. XXXIX. 22. 6. u. 45. 6 u. 54. u. 55. Strabo V p. 214. Plinius III 126.
[4]) So vermutet Nissen: Ital. Landesk. II p. 227.

II. Die Unterwerfung der Ligurer.

Rom liebte es, seine Gegner in Oberitalien nacheinander zu bekriegen. So hatte es vermieden, den Kampf gleichzeitig gegen die aufständischen Boier und Insubrer aufzunehmen, sondern es hatte sich zunächst gegen die letzteren allein gewendet und begann erst nach deren Unterwerfung mit den Boiern aufzuräumen. Ebenso hatte es während dieser Kämpfe den Bewegungen einzelner ligurischer Volksstämme wenig Beachtung geschenkt, sondern es hatte sich begnügt, in Pisae jährlich ein Beobachtungskorps unter einem Präfekten aufzustellen, das wohl die Aufgabe hatte, die häufigen Raub- und Plünderungszüge der Ligurer zu verhindern[1]). Nachdem aber Rom die Gallier zur bedingungslosen Unterwerfung gezwungen und damit die Ebene zwischen Alpen und Apennin unter seinen Einfluss gebracht hatte, war die nächste Aufgabe die, auch von den Ligurern, die als die einzigen unabhängigen und feindlich gesinnten Völker in Oberitalien übrig geblieben waren, die Anerkennung der römischen Oberhoheit zu fordern, um dadurch das Gebirgsland des Apennin mit seinen wichtigen Pässen und die ganze für den Landweg nach Spanien so überaus wichtige ligurische Meeresküste in seinen Besitz zu bringen.

Für die vor dem 2. punischen Kriege mit den Ligurern sich abspielenden Kämpfe liefern uns unsere mangelhaften

---

[1]) Die regelmässige Aufstellung einer solchen Grenzwacht in Pisae kann man wohl aus Liv. XXXIV. 56 1. schliessen.

Quellen leider kein klares Bild. Wir wissen nicht, wo die Erfolge zu suchen sind, für die mehrere römische Feldherrn nacheinander triumphieren durften. Wahrscheinlich aber sind auch hier die Früchte jener Siege, deren Triumphe uns überliefert sind, durch den hannibalischen Krieg verloren gegangen. Nach dem Siege über Karthago zeigt sich die hinhaltende Politik Roms den Ligurern gegenüber zunächst darin, dass es mit den einzelnen Stämmen Verträge abzuschliessen sucht, die diese von einer Teilnahme an dem gallischen Aufstande abhalten sollten[1]. Und es gelingt auch Rom, ein Zusammengehen dieser beiden Völker zu verhindern. Zwar wird die Erhebung einzelner kleiner meistens unbekannter Ligurerstämme schon um 200 v. Chr. berichtet, doch ist sie wie wir sehen werden, völlig bedeutungslos. Gegen Ende der Gallierkämpfe bereiten dann die Ligurer einen grösseren Aufstand vor, doch suchen sie auch da nicht den Anschluss an die damals noch im Kampf gegen Rom stehenden Boier. Ein Heer genügt, sie im Schach zu halten.

Der eigentliche Kampf kann hier erst beginnen, als Rom gegen die Gallier und in Asien gegen Antiochus völlig freie Hand bekommen hat.

Sammelpunkt der römischen Heere und Ausgangspunkt der Unternehmungen ist in diesen Kämpfen meistens die etruskische Stadt Pisae. Bis dicht an ihr Gebiet heran reichen die Sitze der Ligurer, und schon als deren Besitz ist sicher zu unserer Zeit die ehemalige etruskische Stadt Luna anzusehen[2]. Dagegen fand Rom in Genua, dem bedeutendsten ligurischen Handelsplatz, jederzeit einen Stützpunkt für seine Unternehmungen.

---

[1] Ueberliefert ist uns allerdings nur das Bündnis mit den Ingaunern, das im Jahre 201 abgeschlossen wurde. Bei der Beschaffenheit unserer Quellen, die nur auf die Kriegsgeschichte Wert legen, hat dies aber nichts zu sagen. Bezeichnend ist, dass gerade dieses Bündnis nicht Antias, sondern Claudius überliefert hat. (s. o. p. 29 Anm.).

[2] Vgl. Liv. XXXXI. 13.

Das Verhältnis Roms zu den Ligurern war natürlich nicht immer ein derartiges, dass auf beiden Seiten ein erbitterter Kriegszustand herrschte. Beweise für friedliche Beziehungen müssen wir in dem 201 abgeschlossenen Bündnis mit den Ingaunern sehen, leider dem einzigen dieser Art, das uns überliefert ist, oder in der Tatsache, dass Cato im Jahre 195 den Hafen von Luna zu Einschiffung des römischen Heeres nach Spanien benutzen kann. Auch haben die Römer oft genug die ligurischen Gebiete unbehelligt durchzogen, wenn sie über den Apennin in das Poland vordringen mussten.

Welche Gründe Rom im Einzelnen zum Kriege gegen die Ligurerstämme gefunden hat, lässt sich nicht mehr erkennen. Wir wissen gar nichts über die Organisation der verschiedenen Volksstämme. Wir wissen nicht, inwieweit z. B. die Apuaner oder die Friniaten politisch als ein Volk anzusehen sind, das mit einem Staate wie Rom überhaupt Verträge abschliessen konnte. In unserer Ueberlieferung erscheinen die Ligurer wohl zu sehr als Räuber und Wegelagerer. Aber vielleicht mögen gerade ihre Raubzüge oft die Veranlassung gewesen sein, dass Rom ihre bedingungslose Unterwerfung forderte. Und schliesslich war für Rom der Hauptgrund immer seine Politik, die es zwang, ihre Länder in Besitz zu nehmen. Fügten sie sich nicht freiwillig, so musste eben das Schwert helfen.

Bei der offenbaren Notwendigkeit der Unterwerfung der Ligurer erscheint es umso merkwürdiger, dass die Dauer der Kämpfe sich über einen so langen Zeitraum erstreckte. Mehr als 30 Jahre brauchte Rom, bis es den letzten Widerstand in Italien gebrochen hatte. Eine Erklärung dafür findet sich wohl zunächst in den sehr schwierigen Terrainverhältnissen. Die Ligurer vermieden regelmässig offene Feldschlachten. Vor den anrückenden römischen Legionen zogen sie sich in ihre Berge zurück, die sie besser schützten als die stärksten Festungen. Hier konnten die schwerfälligen Legionen nichts ausrichten, immer drohte ihnen Hinterhalt und Verderben. So verging manches Kriegsjahr, ohne dass ein Erfolg errungen oder dass eine Entscheidung gefallen war[1]). Ferner hören wir, dass einzelne Stämme wiederholt unterworfen werden mussten. Vielleicht sind in solchen Fällen Versprechungen gegeben oder Abmachungen getroffen worden, die eine von beiden Parteien schliesslich nicht gehalten hat. Man kann sich wohl vorstellen, dass es für ein Naturvolk wie die Ligurer schwer gewesen sein muss, sich an Gesetze und Verträge zu halten, die ihnen eine Beschränkung ihrer Freiheit auferlegten. Beachtung muss ein Urteil des Römers Cato finden, das uns aus dem zweiten Buch seiner origines noch erhalten ist. Er hat als Zeitgenosse den Verlauf der ganzen Kämpfe mit den Ligurern verfolgen können und äussert sich sehr scharf und streng über den wankelmütigen, lügenhaften und betrügerischen Charakter dieses Volkes: Ligures omnes fallaces sunt . . . . mendacesque et vera minus meminere. Sicher mag dieses Urteil eine gewisse Berechtigung haben. Doch werden wir auch die Römer nicht von aller Schuld gegenüber diesem Volke frei sprechen können. Es mögen genug Fälle vorgekommen sein, wo die Ligurer durch Grausamkeit und Willkür römischer Feldherrn gereizt, ihre Versprechungen vergassen und wieder zu den Waffen griffen. Ein Beispiel ausgesuchter Härte und Rücksichtslosigkeit ist uns ja in der Kriegsführung des Konsuls M. Popillius Laenas überliefert. Hier griff selbst der Senat ein und versuchte, das Schicksal der von dem Konsul arg misshandelten Statieller zu mildern.

Schliesslich muss noch, um die lange Dauer der Kämpfe zu erklären, darauf hingewiesen werden, dass die Römer diese Kriege oft als Nebensache behandelten. Beschäftigten sie auswärtige Kriege, so trat das Interesse für die Ligurer sofort in den Hintergrund. Nie zogen wohl auch die Soldaten mit grosser Begeisterung in diesen Kampf, wo keine reiche Beute winkte, sondern wo es nur Anstrengungen und Entbehrungen zu erdulden gab und wo auf Schritt und

---

[1]) Vgl. Liv. XXXIX. 1.

Tritt die grössten Gefahren lauerten. Ebenso konnte die Feldherrn nicht die Aussicht auf grosse kriegerische Erfolge locken, und manchmal suchen sie sich dieser Aufgabe zu entziehen[1]). Zogen sie aber in den Kampf, so versäumten sie nicht, mit schamloser Uebertreibung sich wenigstens der grössten Erfolge zu rühmen. In Rom erhielt man natürlich dadurch ein ganz falsches Bild von den wirklichen Fortschritten. Der alte Cato scheint aber auch für solche Dinge ein wachsames Auge gehabt und öfters gegen Feldherrn, die auf Grund falscher Siegesberichte nach der Ehre des Triumphes strebten, energisch das Wort ergriffen zu haben[2]). Trotzdem ist die Zahl der Triumphe über ligurische Völkerschaften eine ganz unverhältnismässig grosse. Vom Jahre 182 v. Chr. bis zum Jahre 117 sind uns noch 14 solcher Triumphe in den erhaltenen Teilen der Fasten aufgezählt. Der Wert und die Bedeutung der einzelnen muss natürlich sehr verschieden sein. Z. B. findet sich bei Livius einmal bei dem Triumphe des Q. Fulvius Flaccus die Bemerkung, dass er mehr seiner Beliebtheit als seinen grossen Taten die Ehre zu danken habe. Ja dass schon im Altertum die ligurischen Triumphe sehr gering geschätzt wurden, dafür ist uns Cicero ein Beweis, der im Brutus 73 Gelegenheit nimmt, über ihre grosse Zahl und über ihre geringe Bedeutung zu spötteln. Für uns sind allerdings diese Triumphe die beste Ueberlieferung für die Kriege mit den Ligurern, da wir sonst nur auf die schlechten Berichte des Livius angewiesen sind.

Gleichzeitig mit der Erhebung der Gallier im Jahre 200 wird auch die Erhebung einiger Ligurerstämme berichtet, der Celinen, Ilvaten und anderer. (Liv. XXXI. 10. Dio frgm. 58.5). Die Sitze dieser sonst nicht bekannten Stämme

---

[1]) z. B. Liv. XXXVIII 42.
[2]) Vgl. Gell. XIII 25 12.: M. Cato — in illa, (oratione) quae inscripta est, de decem hominibus cum Thermum accusavit. Und Gell. X. 3.17.: in eo libro, qui de falsis pugnis inscriptus, ita de Thermo conquestus est.

müssen südlich des Po in der Gegend von Placentia gewesen sein. Unsere Quellen stimmen darin überein, dass die Ligurer von den Galliern gezwungen worden sind, sich an dem Aufstand zu beteiligen. Im weiteren Verlaufe des Kampfes werden sie nicht mehr erwähnt, und so ist wohl ihr Auftreten für dieses Jahr bedeutungslos. Unter dem Jahre 197 berichtet Livius XXXII. 29, dass der Konsul Q. Minucius auf dem Marsche von Genua in der Richtung auf Placentia zu die Unterwerfung der Celeiaten und Cerdiciaten entgegen genommen habe. Wahrscheinlich sind hier die Stämme gemeint, die XXXI 10. nicht näher bezeichnet wurden. Ich habe schon oben p. 100 die Glaubwürdigkeit dieses Berichtes anzweifeln müssen, ebenso wie die am Ende dieses Jahres noch gemeldete freiwillige Unterwerfung der Ilvaten. Des Konsuls Aufgabe war, die Boier in Schach zu halten. Ausserdem sind die genannten ligurischen Völkerschaften uns gar nicht bekannt. Es könnte möglich sein, dass sie mit den Veleiaten, die Plinius III 116 in dieser Gegend nennt, identisch wären. Jedenfalls brauche ich auf die Taten des Konsuls Minucius nicht näher einzugehen, denn die Berichte sind sehr unsicher, und dann sind es ja nur einige unbedeutende, kleine Stämme, die hier gewissermassen in der Gefolgschaft der Gallier erscheinen. Interessant ist es, zu beobachten, wie der Annalist später selbst bei den Senatsverhandlungen über den Triumph des Minucius dessen Taten beurteilt. Liv. XXXIII c. 22.: Q. Minucium in Liguribus levia proelia, vix digna dictu, fecisse, ... oppidorum ac vicorum falsas et in tempus simulatas sine ullo pignore deditiones factas esse.

Bei den weiteren Kämpfen der Gallier wird die Beteiligung von Ligurern nicht mehr erwähnt. Dagegen fällt noch in die Zeit der Gallierkriege die erste selbständige Erhebung der Ligurer. Am Beginn des Jahres 193 berichtet Livius XXXIV. 56. 1: nihil eo anno belli expectantibus litterae M. Cinci praefectus in Pisis erat adlatae, Ligurum viginti milia armatorum coniuratione per omnia conciliabula universae gentis facta Lunensem primum agrum depopulatos,

Pisanum deinde, fines transgressos omnem oram maris peragrasse. In Rom herrscht natürlich grosse Aufregung, und es wird uns im folgenden in breiter Schilderung die Vorbereitung des Konsuls wiedergegeben. Bei den Aushebungen droht eine Verzögerung durch den Widerstand einer grossen Zahl von Soldaten der städtischen Legionen einzutreten, die nicht mehr in den Krieg ziehen wollen, quibus aut emerita stipendia aut morbus causae essent. Da langt ein Brief des Prokonsuls Tib. Sempronius in Rom mit der Nachricht an, dass 10000 Ligurer unter grossen Verwüstungen in das Gebiet von Placentia vergedrungen seien und dass auch von den Boiern Gefahr drohe. Sofort erklärt der Senat, dass die grösste Kriegsgefahr vorhanden sei (tumultum esse). Die Aushebungen gehen glatt von statten, und die Konsuln brechen bald darauf mit weitgehenden Vollmachten in die Provinz auf; gegen die aufständischen Ligurer wendet sich Q. Minucius.

Ich möchte nun gleich hier die annalistische Quelle dieses Berichtes zu bestimmen versuchen. Wir haben bis jetzt in Buch 34 überall Valerius Antias als den von Livius bevorzugten Annalisten erkannt, zuletzt c. 46—48. Auf ein Stück griechischer Geschichte aus Polybius folgen dann in c. 51—57 wieder die Annalisten. Nach ihnen wird in c. 53 die Tempelgründung des Furius berichtet und im c. 55 unmittelbar vor unserem Berichte ein Erdbeben. Diese beiden Nachrichten werden nun im 35. Buche c. 41. 8 und c. 40. 7 noch einmal nach einem anderen Annalisten wiederholt[1]). Es ist nun die Frage zu entscheiden, wo Antias und wo Claudius vorliegt, da ja nur diese beiden Annalisten in Betracht kommen. Ich habe schon oben p. 68 ff. darauf hingewiesen, welche Verwirrung Livius im 35. Buche durch die abwechselnde Benutzung des Claudius und des Antias hervorgerufen hat. Es hat sich dort ergeben, dass von c. 10 an die eigentliche annalistische Grundlage des

---

[1]) Dass das Erdbeben beide Mal dasselbe ist, darauf haben bereits Weissenborn und Nissen p. 174 hingewiesen.

Buches Claudius sein muss. Nach ihm wird c. 25 der Konsul L. Quinctius gleich nach seinem Aufbruch in die Provinz wieder zurückgerufen und bleibt den Rest der Jahres über in der Stadt, um Vorbereitungen für den Krieg mit Antiochus zu treffen. Von dieser Anwesenheit aber weiss Antias nichts, aus dem Livius die Kriegsnachrichten c. 40. 1—4 schöpft, die er richtiger nach Claudius bereits im c. 22 erzählt hat. Innerhalb des Abschnittes nun, wo die Tempelgründung und das Erdbeben erwähnt werden (c. 40. 7—41. 8), wird wiederum die Anwesenheit des Konsuls Quinctius in Rom vorausgesetzt. Es muss also im 35. Buche Claudius, im 34. Antias die Quelle dieser beiden Nachrichten sein. Nun folgt unmittelbar auf das Erdbeben (XXXIV, 55) der Bericht über den ligurischen Aufstand in c. 56. Es liegt keine Veranlassung vor, eine neue Quelle anzunehmen, und wir werden also die breite Schilderung der ligurischen Erhebung in c. 56 auf das Konto des Antias setzen können. Diese Feststellung ist insofern wichtig, als wir nunmehr wissen, wie wir den ganzen Bericht zu beurteilen haben. Mit grosser Uebertreibung wird hier ein Raubzug eines ligurischen Haufens in das pisanische Gebiet als ein grosser ligurischer Aufstand geschildert, und man kann deutlich erkennen, dass dem Verfasser sein Bericht über den gallischen Aufstand XXXI c. 10 als Vorbild gedient hat.

Der Konsul Minucius beginnt nun den Krieg und wird 3 volle Jahre in Ligurien festgehalten. Prüfen wir die einzelnen Berichte seiner Taten:

Liv. XXXV. 3. 1—6 erzählt uns Antias, wie ich bereits p. 67 ff. festgestellt habe, dass Pisae von 40000 Menschen umlagert wird (wie einst Placentia XXXI 10) und dass der Konsul zunächst machtlos ist, ja dass er sogar untätig zusehen muss, wie die Ligurer die Umgegend ausrauben und ausplündern und ihre Beute ungehindert wegschleppen. Ueber das Verhältnis dieses Berichtes zu dem unmittelbar darauf folgenden bin ich a. a. O. bereits eingegangen. Kap. 11 finden wir dann einen Bericht, der offenbar mit der eben geschilderten Situation vor Pisae in keinem Zusammenhange steht. Er beginnt mit den Worten: diu nihil in Liguribus dignum memoria gestum erat, und wir erfahren dann weiter, dass einmal beinahe das römische Lager von den Feinden genommen worden wäre, dass der Konsul ein anderes Mal von den Ligurern eingeschlossen nur durch 800 numidische Reiter aus seiner gefährlichen Lage befreit wurde. Nissen p. 166 und Weissenborn haben schon die Ansicht ausgesprochen, dass hier eine andere Quelle benutzt ist als im c. 3. Es kann dies dann nur Claudius sein, und dazu stimmt es auch, dass ein ähnliches Reiterkunststück wie hier unter dem Namen dieses Annalisten XXXVIII. 41. 12 noch einmal erzählt wird. (XXXV. 14 wird Claudius dann auch zitiert). Zeitlich passt natürlich das Kapitel 11 nicht in den Zusammenhang hinein, denn wenn Livius beginnt — wahrscheinlich in wörtlicher Anlehnung an seine Quelle — diu nihil in Liguribus dignum memoria gestum, so erinnert er sich nicht, dass er eben in c. 3 nach einer anderen Quelle berichtet hat, dass die Stadt Pisae von vielen tausend Menschen belagert wurde. Als wertvoll erscheint uns aus dem Berichte des Claudius nur die Nachricht, dass der Konsul sich öfter in grosser Gefahr befunden haben soll. Im übrigen hat Claudius offenbar von dessen Taten nichts weiter zu melden gewusst.

Am Beginn des nächsten Jahres berichtet Livius c. 21. 7—11 einen grossen Sieg des Konsuls. Wie Nissen und Weissenborn betonen, nimmt dieser Bericht genauen Bezug auf die in c. 3 geschilderten Verhältnisse. Die Rollen sind aber jetzt vertauscht. Der vorher so untätige Konsul hat hier 9000 Feinde erschlagen, das feindliche Lager genommen und lässt weiterhin den Feinden weder Rast noch Ruhe. Wenn wir dieser Nachricht Glauben schenken könnten, so müssten wir jetzt einen grossen Erfolg des Konsuls feststellen. Leider aber gibt uns die Quelle, aus der Livius geschöpft hat, zu den grössten Bedenken Veranlassung. Ich habe oben p. 71 ff. nachgewiesen, dass c. 21. 7—11 und c. 40. 1—4 aus Valerius Antias eingefügt sind. Also hat

Livius, wahrscheinlich bei Claudius, der von c. 11 an die annalistische Grundlage des 35. Buches ist, über den Sieg des Konsuls Minucius nichts gefunden, und wir dürfen vermuten, dass Antias allein diese Nachricht hatte. Unter diesen Umständen müssen wir aber sehr vorsichtig sein, denn der ganze Bericht macht zu sehr den Eindruck, wie wenn er als Gegenstück zu der im c. 3 geschilderten Situation dienen soll. Claudius wusste in c. 11 von einer Bestürmung des römischen Lagers zu berichten, hier wird das ligurische nach einem glänzenden Siege eingenommen. Ausserdem glaubt Antias, dass der Konsul des Jahres 192 L. Quinctius das Gebiet der Ligurer zu seinem Amtsbezirk erhalten hat, c. 40. 1—4 berichtet er sogar von dessen Taten daselbst. Auf diesem Irrtum des Annalisten habe ich bereits p. 71 ff. aufmerksam gemacht.

Im Jahre 191 wird noch eine Episode aus der Kriegsführung des Minucius berichtet (Liv. XXXVI. 38.). Die Quelle für das ganze Kapitel ist wiederum Antias. (§ 6 wird er zitiert.) Es ist gerade nichts Rühmliches, was der Annalist nunmehr dem Prokonsul Minucius noch zuschreiben kann; doch gibt er sich Mühe, das Schimpfliche der ganzen Lage zu vertuschen. Im dritten Jahre seines Feldzuges gegen die Ligurer ist Minucius so weit mit seinen Erfolgen gekommen, dass sein eigenes Lager von den Feinden heftig bestürmt wird. Zwar sollen die Ligurer 4000 Mann dabei eingebüsst haben, doch wissen wir ja, welchen Wert solche Zahlenangaben des Antias haben. Jedenfalls ist es Tatsache, dass nach einer dreijährigen Kriegsdauer die Ligurer noch völlig ungeschwächt dastehen (inzwischen war sein Heer um 9000 Mann und 400 Reiter verstärkt worden. Liv. XXXV. 20. 6.) Dass der Krieg ein erfolgloser war, gibt im folgenden Kapitel der Annalist bei den Senatsverhandlungen über den Triumph des Konsuls P. Cornelius selbst zu, indem er sagt: si P. Scipio devictis acie Bois aut ipse cum victore exercitu in agrum Ligurum transisset aut partem copiarum Q. Minucio misisset, qui iam tertium ibi annum dubio detineretur bello, debellari cum Liguribus potuisse.

Im nächsten Jahre kehrt Q. Minucius nach Rom zurück. Er fordert den Triumph, wird aber abgewiesen (XXXVII. 46.). In diesem Falle hören wir keine von den sonst üblichen Reden und gerade hier wissen wir, dass Cato gegen Minucius mehrere Male das Wort ergriffen hat. Es sind uns noch Fragmente von zwei seiner Reden: in Q. Minucium Thermum de decem hominibus und in Q. Minucium Thermum de falsis pugnis erhalten. Leider bringen uns die Reste keine Mitteilungen über den Krieg selbst. Bei der Rede de falsis pugnis sagt uns nur der Titel, dass Cato wahrscheinlich die falschen Siegesberichte des Minucius angriff, während in der Rede de decem hominibus die Kriegsführung überhaupt nicht zur Sprache gekommen sein braucht. Die „decem homines" sind, wie es aus den erhaltenen Fragmenten hervorgeht, Bundesgenossen gewesen, welche für die Verpflegung des Heeres zu sorgen hatten. Sie hatten nun ihre Aufgabe nicht zur Zufriedenheit des Minucius erfüllt, und deshalb liess dieser sie zu Tode peitschen, ein Akt grausamster Art, für den Cato ihn mit Recht zur Verantwortung zog. Für unseren Livius und seine Quellen ist es bezeichnend, dass sie die Reden Catos nicht erwähnen. Ganz schlicht wird gesagt: Minucio negatus triumphus, und man kann sich wohl nach einer dreijährigen Tätigkeit im Felde keinen ruhmloseren Abgang denken. Auch dies muss uns ein Beweis sein, dass das Misstrauen gegen den unter dem Jahre 192 von Antias gemeldeten grossen Sieg berechtigt ist.

Unterdessen war in Asien der Krieg mit Antiochus ausgebrochen, der die Kräfte des römischen Volkes stark in Anspruch nahm. Deshalb müssen gegen die Ligurer alle grösseren Operationen unterbleiben (Liv. XXXVIII. 28.1): dum haec in Asia geruntur, in ceteris provinciis tranquillae res fuerunt.

So wird im Jahre 190 zur Beobachtung der Ligurer nur ein Praetor mit einem kleinen Heere beauftragt, (Liv. XXXVII 2.9.) und für das folgende Jahr wird ihm der Oberbefehl verlängert (c. 50 13). In dieses Jahr fällt ein erwähnenswertes Ereignis, das sich im Gebiete der Ligurer abspielt, aber mit deren Unterwerfung eigentlich nichts zu tun hat. Liv. XXXVII. 57. heisst es: Legati Massiliensium nuntiarunt L. Baebium praetorem in provinciam Hispaniam proficiscentem ab Liguribus circumventum magna parte comitum caesa vulneratum ipsum cum paucis sine lictoribus Massiliam perfugisse et intra triduum expirasse. Ob Baebius den Landweg eingeschlagen hatte oder nur bei einer Landung überfallen wurde, ist aus dem Texte nicht direkt zu entnehmen. Für das letztere würde der Umstand sprechen, dass von einem Heere nicht die Rede ist und er ohne dasselbe wohl kaum den Landweg nach Spanien hätte einschlagen können. (Sein Nachfolger erhält auch kein neues Heer). Interessant ist es, zu beobachten, was Orosius aus dieser Nachricht gemacht hat (IV. 20. 24): L. Baebius in Hispaniam proficiscens a Liguribus circumventus cum universo exercitu occisus est. Durch die Tendenz dieses Schriftstellers wird diese Uebertreibung hinreichend erklärt. An Stelle des L. Baebius tritt der Propraetor P. Junius, nachdem er den Oberbefehl im Gebiete der Ligurer einem seiner Legaten übergeben hatte (XXXVII. 57.3). Im nächsten Jahre ist der Krieg in Asien schon glücklich zu Ende geführt, und gegen die Ligurer übernimmt wieder ein Konsul mit einem neu ausgehobenen Heere den Oberbefehl (XXXVIII. 35.8.). Am Schlusse des Jahres wird von ihm gemeldet (c. 42): exitu prope anni M. Valerius consul ex Liguribus ad magistratus subrogandos Romam venit nulla memorabili in provincia gesta re, ut ea probilis morae causa esset, quod solito serius ad comitia venisset. Danach scheint man doch schon in diesem Jahre von dem Konsul Taten erwartet zu haben.

Grosse Vorbereitungen für einen Krieg treffen nun nach Livius die Konsuln des Jahres 187, M. Aemilius Lepidus und C. Flaminius. In diesem Jahre gibt Livius eine kurze Charakteristik der Ligurerkriege gewissermassen als Einleitung zu den folgenden Kämpfen und scheint damit andeuten zu wollen, dass jetzt erst die Unterwerfung der Ligurer ihren Anfang nimmt (XXXIX. 1).

Ueber die Taten der Konsuln haben wir nun XXXIX. 2. einen höchst merkwürdigen Bericht. Danach soll Flaminius zunächst die Friniaten am Südabhange des Apennin in einigen Treffen geschlagen und darauf die Unterwerfung des ganzen Stammes entgegengenommen haben. Die Unterwerfung war aber nur eine scheinbare, und erst nach wiederholten Kämpfen diesseits und jenseits des Apennin ergeben sich die Friniaten bedingungslos und liefern alle ihre Waffen aus. Dieselben Erfolge erreicht der Konsul darauf mit den Apuanern. Damit war nun Ruhe bei den Ligurern eingetreten, und, um die Soldaten nicht müssig sein zu lassen, baut der Konsul von Bononia nach Arretium eine Heerstrasse. (a Bononia viam perduxit Arretium. Allerdings befindet sich der Konsul nach der Unterwerfung der Apuaner diesseits des Apennin.)

Der Konsul M. Aemilius kämpft auch zunächst — wir müssen annehmen gleichzeitig mit Flaminius, da XXXVIII. 44.8 der gemeinsame Aufbruch der Konsuln gemeldet worden war, — am Südabhange des Apennin und verwüstet dort das Land, während die Ligurer zwei Berge Ballista und Suismontium besetzt halten. (die Lage dieser beiden Berge ebenso wie des in den Kämpfen des Flaminius erwähnten Auginus mons lässt sich nicht mehr bestimmen. Vgl. Kiepert: formae orbis antiqui Nr. 23). Schliesslich wagen die Ligurer eine Schlacht, werden aber von dem Konsul zurückgeschlagen, der der Diana einen Tempel gelobt. Darauf führt dieser die Legionen jenseits des Apennin, unterwirft noch einige Reste der Friniaten und gelobt wiederum in einer Schlacht einen Tempel der Juno Regina. Jetzt hatte auch er seine Aufgabe erfüllt und er geht deshalb nach Gallien, um den Bau der grossen Strasse von Placentia nach Ariminum vorzunehmen. Der Bericht endet mit den Worten: haec in Liguribus eo anno gesta. Ich muss gestehen, dass der ganze Bericht mir beim ersten Lesen nicht den Eindruck macht, wie die gewöhnlichen Schlachtenberichte der Annalisten[1]). Es wird uns hier eine

---

[1]) Leider ist uns in diesem Kriegsbericht gar kein bestimmter Anhaltspunkt für die Quelle des Livius gegeben. Die beiden Berge Ballista und Suismontium, die erwähnt werden, kommen noch ein-

systematisch durchgeführte Unterwerfung der Ligurer schlicht geschildert, ohne dass die Taten der Konsuln irgendwie prahlerisch, wie es sonst geschieht, mit Zahlen beleuchtet werden. Und trotzdem lassen sich gegen die Glaubwürdigkeit dieser Kämpfe eine Reihe von Argumenten anführen. Zunächst muss die Unterwerfung der Apuaner und Friniaten in diesem Jahre den stärksten Zweifeln begegnen. Wir hören von siegreichen Schlachten, von Verfolgungen der Feinde, von der Eroberung befestigter Höhen, von der Auslieferung der feindlichen Waffen und müssten dadurch eigentlich zu der Ueberzeugung gelangen, dass hier ein grosser Erfolg errungen ist, dass wir eine planmässig durchgeführte Unterwerfung vor uns haben. Wie sind wir aber überrascht, wenn wir im nächsten Jahre lesen, dass der Konsul Q. Marcius Philippus beim Vordringen in das Gebiet der eben unterworfenen Apuaner eine schimpfliche Niederlage erleidet, dass es erst im Jahre 185 gelingt, die Strasse bis Luna gangbar zu machen, und dass erst in den nächsten Jahren die Unterwerfung der Apuaner sich vollzieht! Wie sollen wir ferner jetzt schon an eine Unterwerfung der Friniaten glauben können, wenn wir sie 10 Jahre später noch in heftigem Kampfe mit Rom sehen. In dieser Weise, wie uns XXXIX. 2. die Kämpfe mit den Ligurern geschildert werden, können sie sich nach meiner Meinung unmöglich abgespielt haben. Wir würden dann auch — und das ist ein zweites Argument — den wohlver-

---

mal XL. 41 vor, an einer Stelle, wo wir Antias als Quelle vermuten dürfen. Doch sind dort die beiden Namen der Berge aus XXXIX 2.7 hergestellt. Der mons Ballista wird dann noch einmal XLI. 18 genannt, wo, wie ich später zeigen werde, auch Antias benutzt zu sein scheint. Am Ende des 38. Buches ist dieser Annalist ausgiebig von Livius herangezogen, ebenso lässt er sich im 39. Buche an vielen Stellen nachweisen; er wird ja allein in diesem Buche fünfmal citiert. Dagegen lässt sich wiederum die Stelle, wo die Weihungen der Tempel von Aemilius vorgenommen werden XL. 52., die er XXXIX. 2 gelobt haben soll, nicht mit Sicherheit auf ihn zurückführen, und gerade diese Stelle würde m. A. nach hier die Quellenfrage entscheiden.

dienten Triumph der Konsuln vermissen. Denn es sind ja nach Livius eine ganze Reihe siegreicher Schlachten geschlagen worden. Zweimal soll sogar M. Aemilius einen Tempel gelobt haben: also müssen die Kämpfe nicht unbedeutend gewesen sein. Doch hören wir nicht, dass die Konsuln den Triumph auch nur erstrebt hätten. So schlicht, einfach und wahr aber der Bericht selbst zunächst erscheint, so haften ihm doch bei näherem Zusehen einige Mängel an. Der Annalist scheint nicht zu merken, dass er anfangs beide Konsuln gleichzeitig in derselben Gegend am Südabhange des Apennin operieren lässt. Denn die Konsuln sind, wie schon erwähnt, gleichzeitig aufgebrochen. Und es ist sehr unwahrscheinlich und in der ligurischen Kriegsgeschichte auch nicht zu beobachten, das zwei konsularische Heere zunächst in derselben Richtung vordringen. Merkwürdig ist auch, dass der Konsul Flaminius, nachdem er den Apennin überschritten hatte, sich wieder zurückwendet und die Apuaner unterwirft, um dann von Bononia(!) aus die Strasse nach Arretium zu bauen. Doch sind das alles Gründe, die uns noch nicht berechtigen würden, an der Erzählung des Livius zu zweifeln, wenn uns nicht gleichzeitig zwei Nachrichten überliefert sein würden, die allein genügen, den Bericht über die Kämpfe zu erschüttern: Das ist der Bau der beiden Strassen! Es ist geradezu lächerlich, wie in dem ganzen Bericht die ligurischen Kriege in den Vordergrund gedrängt werden und wie der Bau der beiden Strassen nur so ganz nebenbei erwähnt wird. Nun ist der Bau einer Strasse in der damaligen Zeit — die Militär-Strassen Roms bis dahin sind zu zählen — ein so eminent wichtiges Ereignis, dass nur die Kurzsichtigkeit und der Unverstand eines Annalisten dafür die Begründung anführen kann: ne in otio militem haberet, viam . . . . perduxit. Es gehörten dazu die weitgehendsten Vorbereitungen, Verhandlungen im Senat müssen vorausgegangen, Pläne entworfen, die grossen Kosten veranschlagt und bewilligt sein. Und dann ist es selbstverständlich, dass man nach allen diesen Vorbereitungen, sobald die Jahreszeit es gestattete, gleich ans Werk ging. Unmöglich können solche grossartige Unternehmungen als Begleiterscheinungen eines ligurischen Krieges auftreten. Der Bau der beiden Strassen kann nur allein die Aufgabe der Konsuln des Jahres 187 gewesen sein, und man muss überzeugt sein, dass sie sich dieser ehrenvollen Aufgabe gern unterzogen haben.[1]) Trägt doch das Werk des Aemilius für alle Zeiten seinen Namen! Ausserdem haben die beiden Strassen mit den Ligurern gar nichts zu tun. Sie wurden angelegt zur militärischen Sicherung des kürzlich unterworfenen Boierlandes.

Wir müssen also den Bericht über die Unterwerfung der Apuaner und der Friniaten fallen lassen. Es liesse sich vielleicht eine Erklärung finden, wie diese Kriege in der Phantasie des Annalisten entstanden sind. Im Jahre 179 weiht Aemilius Lepidus als Censor zwei Tempel ein. Er scheint überhaupt eine sehr rege Bautätigkeit entfaltet zu haben[2]). Nun spukte in der Erinnerung des Annalisten, dass in der letzten Zeit öfter Tempel geweiht worden waren, die man in Kriegen gelobt hatte. Also suchte er auch zu diesen Tempelweihungen des Aemilius eine solche Veranlassung aus seinem Konsulate zu finden. Die Gallier aber waren leider 187 schon unterworfen. Sie hätten der Oertlichkeit wegen sich besser geeignet.

Obwohl nun vom nächsten Jahre ab der eigentliche Krieg gegen die Ligurer erst beginnt, bedürfen die livianischen Kriegsberichte der folgenden Jahre bis 181 keiner so eingehenden Erörterungen. Sie sind sehr knapp, und wir müssen versuchen, uns mit den Tatsachen, die uns meistens nur berichtet werden, irgendwie abzufinden. So viel ist aber klar, dass Rom zunächst seinen Angriff gegen die beiden mächtigsten ligurischen Völker, gegen die Apuaner und Ingauner richtet, die beide den Weg längs der Meeresküste beherrschen. Der Plan, beide Konsuln bereits im Jahre 186 gegen die

---

[1]) Nach Liv. XXXVIII. 42 sträuben sich die Consuln nach „Ligurien" zu gehen.
[2]) vgl. Liv. XL. 51—52.

Ligurer zu senden, wird durch die Entdeckung der Bacchanalien vereitelt. Die Konsuln selbst müssen die Untersuchung hierüber vornehmen. Q. Marcius Philippus hat aber bald seine Aufgabe erfüllt. Er bricht noch in diesem Jahre gegen die Apuaner auf, erleidet aber eine furchtbare Niederlage. Es ist nicht möglich, über die Oertlichkeit Klarheit zu gewinnen. Das „Marcische" Waldgebirge, so genannt nach dem Konsul, lässt sich nicht mehr bestimmen. Vielleicht ist es gar zwischen Luna und Pisae zu suchen. Denn es wird uns im nächsten Jahre berichtet XXXIX, 32, dass der Konsul M. Sempronius Tuditanus saltum usque ad fluvium Macram et Lunae portum aperuit. Es muss also dieser Weg nicht so ohne weiteres gangbar gewesen sein.

Nach diesem Erfolge des Konsuls, der Freilegung der Strasse bis Luna, wird noch die Einnahme einer antiqua sedes der Apuaner berichtet. Die Sache scheint keine grosse Bedeutung gehabt zu haben. Die Taten des anderen Konsuls gegen die Ingauner sind dagegen sicher sehr übertrieben. Leider wird uns nicht gesagt, wie der Konsul in das Gebiet der Ingauner gelangt ist. Als Landweg käme jetzt die neue Strasse über Arretium — Bononia — Placentia in Betracht. Wahrscheinlichererscheint mir aber dieses Mal der Seeweg [1]). —

Das Jahr 184 ist ein ergebnisloses. Obwohl beide Konsuln gegen die Ligurer aufgebrochen sind, wird aufrichtig gesagt, XXXIX 44. 11: consules eius anni nec domi nec militiae memorabile quicquam egerunt. Allerdings weiht der Sohn des Konsuls L. Porcius Licinus im Jahre 181 einen Tempel, den sein Vater im ligustinischen Kriege gelobt haben soll (XL. 34. 4.). Es wäre möglich, dass durch die Benutzung zweier Quellen die Taten des L. Porcius uns entgangen sind. Sie könnten aber auch in das nächste Jahr fallen, da Porcius als Prokonsul weiter auf seinem Posten

---

[1]) Es liegt nämlich nahe, dass man unter den eroberten oppida sich Seestädte vorzustellen hat, da andere Städte die Ligurer ja nicht besessen haben sollen. Unmöglich kann die Abwesenheit des Konsuls lange gedauert haben, da die Aushebungen sich stark verzögert hatten und er sehr früh wieder zurück kommt. vgl. c. 29. (s. Weissenborn.)

bleibt (XXXIX. 54. 2.). Im Jahre 183 waren ursprünglich auch beide Konsuln zur Kriegsführung gegen die Ligurer bestimmt (XXXIX. 45. 3.). M. Claudius Marcellus übernimmt aber die Aufgabe, die Gallier, die über die Alpen gekommen waren und im Gebiete der späteren Stadt Aquileia sich niedergelassen hatten, aus Italien zu entfernen. Der andere Konsul Q. Fabius Labeo ist in Ligurien ohne Erfolge (XXXIX. 56. 3.). Am Ende des Jahres beginnen aber die Apuaner sich zu regen (XL. 1. 3.); es wird ihm deshalb für das nächste Jahr der Oberbefehl verlängert. Ausserdem wird beiden Konsuln des Jahres 182 Ligurien mit ganz neuen Heeren als Provinz bestimmt, und es tritt dadurch der seltene Fall ein, dass gleichzeitig drei konsularische Heere in Ligurien sich befinden. Von ihren Taten wird uns allerdings nur berichtet XL. 16. 4: quia prospere res gesserunt, supplicatio in unum diem decreta est. Die Konsuln müssen also nach Rom gemeldet haben, dass es ihnen irgendwie gelungen sei, die drohende Gefahr von seiten der Apuaner abzuwenden. Man kann wohl annehmen, dass nach einem Waffenerfolge ein friedliches Abkommen getroffen worden ist. Denn grössere kriegerische Operationen würden uns die Annalisten kaum verschwiegen haben. Die 2000 Ligurer, die nach Norden entwichen waren, dort auf das Lager des Prokonsuls Marcellus stossen und um Gnade bitten, mögen in irgend einem Zusammenhange mit der apuanischen Bewegung gestanden haben. Was dann noch später berichtet wird (XL. 17. 6): in Liguribus postea nihil gestum. recesserant primum in devios saltus, deinde dimisso exercitu passim in vicos castellaque sua dilapsi sunt, sind annalistische Redensarten, die uns so und so oft begegnen, wenn eigentlich nichts mehr gesagt werden kann. Beiden Konsuln wird der Oberbefehl für das nächste Jahr verlängert. Nach XL, 17. 8 müsste man aber annehmen, dass nur L. Aemilius Paullus Heer und Imperium behält. Doch muss das wegen c. 19. 8 und c. 25. 7 ein Irrtum sein.

Einen echt annalistischen Bericht haben wir nun über den Feldzug des Prokonsuls Aemilius im nächsten Jahre

(XL. 25—28). Auf Grund der von uns gefundenen Merkmale, können wir vermuten, dass Antias die Quelle ist (numerierte Legionen und eine grosse Anzahl von Namen römischer Unterfeldherrn, darunter natürlich auch ein Valerier.) Hätten wir nicht einen Parallelbericht bei Plutarch in der vita des Aemilius Paullus (6[1])., so ständen wir hier vor der schwierigen Aufgabe, zu der an Details reichen Darstellung des Livius kritisch Stellung zu nehmen. So aber lehrt uns Plutarch, was wir alles der Phantasie der Annalisten zuschreiben müssen. Die wenigen Zeilen, die er uns gibt, sind ungleich wertvoller, als der sich über vier lange Kapitel erstreckende Bericht des Livius. Nissen p. 299 vermutet, dass Plutarch aus Polybius geschöpft hat.[2]

Ein besonderer Grund zu einem Feldzuge gegen die Ingauner wird bei Livius nicht angegeben, wie dies ja überhaupt nie in den ligurischen Kriegen geschieht. Liv. XL. 18. 5. finden wir aber die beachtenswerte Notiz, dass Massilia über den Seeraub der Ligurer Klage führte. Hören wir nun nach dem Siege des Aemilius bei Livius XL. 28, dass die Steuer- und Schiffsleute, welche im Verdacht der Seeräuberei standen, gefangen gelegt wurden und dass der Duumvir C. Matienus 32 Schiffe erbeutete, so leuchtet es ein, dass neben den politischen und geographischen Gründen das Freibeuterunwesen dieses Stammes eine Veranlassung zu seiner baldigen Unterwerfung war. Bestätigt wird dies noch durch Plutarch, indem er uns berichtet, dass den Ingaunern das Verbot auferlegt wurde, ferner Kriegsschiffe zu unterhalten. Dass der Krieg nun nicht bloss ein Freundschaftsdienst gegenüber der alten Freundin Massilia war, sondern dass auch Rom sehr unter der Seeräuberei zu leiden hatte, dafür ist uns wieder Plutarch ein Zeuge. Er erwähnt nämlich, dass Aemilius nach seinem Siege viele Gefangene, darunter auch Römer, aus den Händen der Piraten befreit habe.

---

[1]) Kurze Notizen bei Vell. I. 9. 3., auct. de vir. ill. 56., Frontin III. 17. u. ausserdem C. I. L. 1². elog. XV. XXIV.

[2]) Vgl. auch Schwarze: quibus fontibus Plutarchus in vita L. Aemilii Paulli usus sit, Leipzig 1891. p. 18 ff.

Der Beginn des Feldzuges wird von Livius in den Anfang des Frühlings des Jahres 181 gesetzt (XL, 25,1), also in das Prokonsulat des Aemilius. Nun steht in dem einen Elogium des Paulus zu lesen: Liguribus domitis priore consulatu triumphavit. Ebenso legt Plutarch den ganzen Feldzug in das Konsulatsjahr. Trotzdem werden wir an der Festsetzung des Livius festhalten müssen. Denn erstens bürgt die streng annalistische Grundlage des livianischen Geschichtswerkes für seine Zuverlässigkeit in solchen Dingen, und dann würde man auch nicht begreifen, welches Interesse der Annalist gehabt hätte, den Feldzug zeitlich zu verschieben. Die Ungenauigkeit wird hier wohl bei Plutarch (Polybius) und dem Elogium liegen.

Konnte bis jetzt nie sicher die Frage entschieden werden, ob die Römer nach Genua und in das Gebiet der Ingauner zu Lande oder zur See gelangten, so lässt sich wohl dieses Mal der Landweg vertreten. Der Konsul hatte mit seinen Legionen in Etrurien überwintert. Als Erfolg des vorigen Jahres konnten wir ein friedliches Abkommen mit den Apuanern annehmen. Dadurch war ihm der grösste Teil des Landweges bis Genua geöffnet, und es lässt sich vermuten, dass der Konsul ihn auch vorgezogen haben wird.

Bei Livius wird uns nun in breiter, weitschweifiger Darstellung ein ziemlich unwahrscheinlicher Verlauf des Kampfes geschildert. Danach hat sich der Konsul zu einem zehntägigen Waffenstillstande von den Ligurern überreden lassen, wird aber dann plötzlich in seinem Lager angegriffen und kann sich nur mit Mühe halten. Es ist die in den annalistischen Darstellung so oft wiederkehrende Situation der höchsten Not, in der sich der Konsul befindet, auf die aber regelmässig ein glänzender Sieg folgen muss. So ist der Verlauf natürlich auch hier. Vorher aber wird uns erst in hübscher Ausmalung die grosse Aufregung in Rom geschildert, die die Bitte um Hilfe dort hervorruft. Wir erfahren unter andern, dass erst jetzt die Kriegsflotte ausgerüstet wird, die Aemilius unterstützen soll! Ehe aber ein Ersatzheer von Rom abgeht, trifft bereits die überraschende

Nachricht von einem grossen Siege und von der Unterwerfung des ganzen Stammes der Ingauner ein, ein Erfolg, der sich schwer mit der gefährlichen Lage in der sich kurz vorher der Konsul befunden haben soll, vereinigen lässt. Die Schlacht spielt sich nach dem bekannten Schema ab. Die Ligurer werden sorglos, der Konsul merkt dies und da die Hoffnung auf Ersatz sehr gering ist, beschliesst er einen Ausfall. Er verteilt die Truppen, wir lernen dabei die Namen seiner Unterfeldherrn kennen, er hält eine Ansprache an die Soldaten und gibt das Zeichen zum Kampfe, der mit einem überwältigenden Siege enden muss.

Viel glaubhafter ist nun die Nachricht bei Plutarch, dass Aemilius in einer offenen Feldschlacht gesiegt habe. Wir können dann auch besser den grossen Erfolg dieses Sieges begreifen, als dessen wesentlichste Punkte Plutarch die Uebergabe der Städte, die Niederreissung der Mauern, die Auslieferung der Kriegsschiffe, das Verbot, ferner solche zu halten und die Befreiung von Gefangenen angibt. Nach Plutarch hat Aemilius nur mit 8000 Mann den Sieg erfochten, während er nach Livius ein volles konsularisches Heer zur Verfügung gehabt hatte. Es ist sehr schwierig, hier sich auf eine bestimmte Seite zu stellen. Livius XL, 1 sagt ausdrücklich, dass für die Konsuln des Jahres 182 zwei konsularische Heere ausgehoben wurden, und auch Polybius, den ja wahrscheinlich Plutarch benutzt hat, bezeugt, das alljährlich zu seiner Zeit, also nicht lange nach 182, vier Legionen mit dem entsprechenden Kontingente Bundestruppen ins Feld gestellt wurden. (Polyb. I 16, 2 und VI, 19, 7.)

Will man nun Plutarch und Livius vereinigen, so wird man zu der Annahme gezwungen, das Aemilius die grössere Hälfte seines Heeres zur Deckung der Rückzugslinie verwendet haben muss. Doch ist das auch nicht sehr wahrscheinlich. Nun ist uns zufällig bei Livius noch eine andere Nachricht überliefert, welche die 8000 Mann des Plutarch zu bestätigen scheint. Liv. XL, 19 wird erzählt, dass infolge einer Pest es nicht möglich war, 8000 latinische Bundestruppen für den Krieg in Sardinien auszuheben. Der Senat weist deshalb den Prätor Pinarius an, sich die Soldaten von dem Prokonsul Cn. Baebius überweisen zu lassen, welcher mit seinem Heere in Pisae überwinterte. Von dieser Massregel hatte offenbar Aemilius keine Ahnung, als er sich an Baebius mit der Bitte um schleunige Hilfe wandte. Baebius kann aber diese Hilfe nicht leisten, denn, so heisst es Cap. 25, 8: Baebius exercitum M. Pinario praetori eunti in Sardiniam tradiderat. Nun hat er doch nur einen Teil, höchstens 8000 Mann, abgeben sollen! Es scheint dann nur der Schluss übrig zu bleiben, dass sein Heer nur aus 8000 Mann bestanden hat. Also müsste auch das Heer des Aemilius in dieser Stärke anzusetzen sein, da nach XL, 1 für beide Konsuln die gleiche Anzahl Soldaten ausgehoben wurde. Nun ist dieser Schluss nicht zwingend, und man muss sich hüten, daraus irgend welche Folgerungen oder Verallgemeinerungen zu ziehen. Es liesse sich vielleicht auch eine andere Möglichkeit denken. Baebius braucht nur die Legionen entlassen, die Bundestruppen dagegen, die nach XL, 1 für beide Heere 15000 Mann, für ihn also 7500 Mann betragen hatten, behalten zu haben. Dieser Fall nämlich, dass die Legionen eher entlassen wurden ist sehr häufig zu beobachten. Nach c. 19 sollte ja ursprünglich Baebius sein ganzes Heer entlassen! Ein sicheres Resultat also lässt sich in dieser Beziehung nicht gewinnen.

Livius XL, 34, 7 erwähnt dann noch den Triumph des Aemilius, der durch seine aussergewöhnlich geringe Beute auffällt. Nach Plutarch ist Aemilius sehr schonend mit den Ingaunern verfahren und hat bereits dort während seiner Anwesenheit die Verhältnisse in menschenfreundlicher und milder Weise geordnet. Nach Livius kommen erst jetzt Gesandte der Ligurer und bitten um einen dauernden Frieden. Die Regelung ihrer Angelegenheiten soll darauf in Rom vorgenommen werden. Jedenfalls hat dieser Feldzug den Erfolg, dass mit den Ingaunern nicht mehr gekämpft zu werden braucht.

Die vollständige Unterwerfung der Ingauner mag die Veranlassung gewesen sein, dass man sich jetzt entschloss, energisch gegen die Apuaner vorzugehen. Im Jahre 180 erfolgt die Uebersiedelung von 40000 Menschen in das Samniterland durch die Prokonsuln P. Cornelius und M. Baebius[1]). Es ist eine schwierige Aufgabe gewesen, mit der sicher schon die Konsuln im Jahre 181 begonnen haben, wenn auch Livius berichtet XL, 35, 1: otiosam provinciam consules habuerunt und XL, 37, 9: in consulatu nihil memorabile gesserunt. Ferner ist sicher, dass die Apuaner keinen Widerstand versucht haben, und die Darstellung des Livius: consules edixerunt Ligures montibus descenderent cum liberis coniugibusque sua omnia secum portarent, ist wohl im grossen und ganzen glaubhaft. Zu entscheiden aber ist die Frage, welcher Teil der Apuaner weggeführt wurde. Denn dass unter den 40000 Menschen nicht der ganze Stamm zu verstehen ist, geht aus den späteren Kämpfen der Römer mit Apuanern hervor. Der genannte Anidus mons gibt uns keinen Anhalt, da wir seine Lage nicht kennen. Dagegen hören wir noch in demselben Jahre, dass die Pisaner Ackerland zu Kolonisationszwecken zur Verfügung stellen und einige Jahre später wird nach Luna eine römische Kolonie gesandt, wobei ausdrücklich gesagt wird, dass das Ackerland den Ligurern abgenommen worden war. Man wird also das Land zwischen Pisae und Luna und um die letztere Stadt herum von Ligurern gesäubert haben. Und das war sehr wichtig. Rom musste sich einen freien, unbehinderten Zugang zu seinem wichtigen Kriegshafen sichern und nach den Erfahrungen, die man mit den Apuanern in dieser Gegend gemacht hatte, boten diese keine Garantie für ein dauerndes, friedliches Verhalten. Das Gebiet, wo die Apuaner in Samnium angesiedelt werden, wird von Livius mit den Worten bezeichnet: Taurasinorum fuerat. Mommsen vermutet (C. I. L. I. p. 16 u. 17), dass darunter wohl derselbe Ort zu verstehen ist, der auf einer der Grabinschriften der Scipionen erwähnt

---

[1]) Klebs in Pauly-Wissowas Real-Encykl. II p. 2733 gibt wohl auf Grund einer andern Lesart die Zahl 400000 an. Das kann man sich nicht recht vorstellen. Vgl. dazu Nissen: Ital. Landesk. II p. 814.

wird: „Taurasia Cisauna Samnio cepit". Nach Nissen (Ital. Landesk. II p. 814) entsprach das Gebiet ungefähr dem heutigen Kreise S. Bartolommeo in Galdo am oberen Tammaro und Fortore, der auf 654 qkm 59000 Einwohner ernährt[1]).

Dass man in Rom die Uebersiedelung der Apuaner als einen grossen Erfolg ansah, beweist die Tatsache, dass beiden Konsuln der Triumph gewährt wurde. (Liv. XL, 38, 9).

Während die Prokonsuln noch mit der Ordnung der Verhältnisse in Samnium beschäftigt sind, rücken die Konsuln gegen die Ligurer vor. Ueber ihre Tätigkeit haben wir bei Livius einen Bericht, der wahrscheinlich aus der Quelle des Antias stammt. Unmittelbar vorher, für die Darstellung der spanischen Kriege c. 39—41, ist er von Livius benutzt und in unserem Abschnitt finden sich numerierte Legionen. Den Konsuln war XL 36, 7 der Krieg gegen die Apuaner übertragen werden. Durch den Tod eines Prätors und eines der beiden Konsuln verzögerte sich natürlich der Beginn des Krieges. (XL, 37, 1). Ich glaube deshalb, dass die Prokonsuln die Aufgabe der Konsuln übernehmen mussten, für die zunächst nur die Bestimmung getroffen war, provincias obtinere, donec consules venissent (XL, 36, 7). Es ist nun sehr unwahrscheinlich, dass die Konsuln in demselben Sommer Zeit gefunden hätten, die Taten auszuführen, die ihnen Antias zuschreibt. Die Neuwahlen und die Amtshandlungen nahmen bekanntlich sehr viel Zeit in Anspruch. Ausserdem ist es auffallend, dass die einzelnen Fakta, die erzählt werden, nicht mehr neu sind. Möglich wäre es ja, dass der Konsul Q. Fulvius noch in demselben Jahre wie die Prokonsuln einen Nachschub von 7000 Apuanern nach Samnium befördert hat. Beachtenswert ist schliesslich auch die Notiz, dass der Konsul A. Postumius mit einer Flotte die ligurische Küste im Gebiet der Ingauner und Intimilier inspiziert haben soll. Es ist nämlich dies das einzige Mal, wo die Intimilier während

---

[1]) Vgl. ausserdem C. I. L., IX. p. 125 ff, p. 2354. Florus. I. 19 u. Nissen a. a. O.

der ligurischen Kriege bei Livius überhaupt erwähnt werden. Wann ihre Unterwerfung anzusetzen ist, entzieht sich unserer Kunde. Ich möchte vermuten, dass sie durch das Los ihrer Nachbarn der Ingauner belehrt ihren Frieden mit Rom geschlossen haben und dass vielleicht unter den ligurischen Gesandtschaften, welche während des Triumphes des Aemilius Paullus in Rom eintrafen, sich auch eine von diesem Stamme befunden hat. Die Fahrt des Konsuls in diese Gebiete würde sich dann auch ganz gut erklären.

Auf den Kriegsbericht folgt in demselben Kapitel ein Vorgang, der sich bei den Legionen vor der Ankunft der Konsuln abgespielt hat. Bei streng chronologischer Reihenfolge würde deshalb der Kriegsbericht erst an das Ende des Kapitels gehören. Der Vorgang selbst — ein Kriegstribun entlässt eigenmächtig eine Legion — erlaubt den Schluss, dass grössere Kriegsoperationen zu Lande in diesem Jahre nicht mehr in Aussicht genommen waren.

Auf das Anerbieten der Stadt Pisae, welche Äcker zu Kolonisationszwecken zur Verfügung stellt, werde ich weiter unten näher eingehen.

Im nächsten Jahre ist Ligurien wieder der Standort beider Konsuln. Aber nur von dem einen Konsul Qu. Fulvius Flaccus werden Taten berichtet. (ab altero consule L. Manlio nihil memoria dignum in Liguribus est gestum. XL, 53, 4).

Der Konsul Fulvius erringt einen Erfolg, auf Grund dessen ihm der Triumph bewilligt wird, allerdings wie Livius selbst eingesteht, magis gratiae quam rerum gestarum magnitudini triumphus datus est (Liv. XL, 59, 1). Gegen welchen Stamm der Ligurer der Konsul gekämpft hat, lässt sich aus der unklaren, nur in allgemeinen Ausdrücken sich bewegenden Schilderung des Livius nicht entnehmen. (per invios montes vallesque et saltus cum exercitu transgressus signis conlatis cum hoste pugnavit). Doch scheint mir eine spätere Stelle bei Livius hier einigen Aufschluss zu geben. XLII, 22, 5 wird unter dem Jahre 172 ein Senatsbeschluss im Interesse der von dem Konsul M. Popillius arg misshandelten und zum grössten Teil in die Sklaverei verkauften Statieller erwähnt. Danach sollen alle diejenigen Ligurer, qui post Q. Fulvium L. Manlium consules hostes non fuissent, wieder losgekauft und jenseits des Po angesiedelt werden. Das Zurückgehen auf 179 v. Chr., das Jahr, wo Q. Fulvius u. L. Manlius Konsuln waren, kann ich mir nur so erklären, dass einer von beiden während seines Konsulates mit dem Volke der Statieller etwas zu tun gehabt hat. Wahrscheinlich muss im Jahre 179 ihre Unterwerfung sich vollzogen haben, und wer nun bis zum Jahre 172 die Bedingungen, die ihnen damals auferlegt wurden, erfüllt und sich nicht wieder gegen Rom erhoben hat, ist zu Unrecht von Popillius als Slave verkauft und muss wieder in Freiheit gesetzt werden. Nun liegt der Schluss nahe, dass der uns XL, 53 berichtete Feldzug des Q. Fulvius gegen die Statieller unternommen worden ist. Der andere Konsul kommt ja nicht in Betracht, da er erfolglos gewesen sein soll, und dann vor allem würde diese Beziehung sehr gut dazu passen, dass im Jahre 181 die Ingauner unterworfen wurden. Nichts ist natürlicher, als dass man sich jetzt gegen die nördlich von ihnen wohnenden Statieller wendet.

Der Anfang des Buches XLI ist verloren gegangen, in dem die Verteilung der Provinzen und Heere gestanden haben muss. Aus c 5 und c 7 erkennen wir aber, dass der eine Konsul A. Manlius Gallien als Standplatz erhalten und auf eigene Faust einen Krieg gegen Istrien begonnen hatte, während dem Consul M. Iunius Brutus Ligurien als Provinz zugefallen war. Als der Krieg in Istrien eine ungünstige Wendung nimmt, muss M. Iunius sein Heer zur Unterstützung des Amtsgenossen nach Gallien hinüberführen. Zur Beobachtung der Ligurer bricht der Prätor (es ist der peregrinus) Tib. Claudius Nero mit einer Legion und 5000 Latinern nach Pisae auf. Am Beginn des nächsten Jahres nimmt er eine drohende Erhebung der Ligurer wahr. Er fühlt sich offenbar mit seinen 10000 Mann zu schwach und berichtet nach Rom (XLI, 12). Es erhält der Konsul C. Claudius, der sich in Istrien befindet, die Mitteilung:

quoniam Histria provincia confecta esset, si ei videretur, exercitum traduceret in Ligures. Der Konsul kommt dem Wunsche des Senates nach und liefert den Ligurern, die in der Ebene ein Lager aufgeschlagen haben sollen, am Skultennafluss eine Schlacht. Der bei Livius vorliegende Bericht ist aus Antias geschöpft, wie die erbeuteten ligurischen signa zeigen. Aber auch ohne diese Gewissheit würden wir annehmen müssen, dass der Sieg eine annalistische Uebertreibung ersten Ranges ist, wie auch die folgenden Ereignisse beweisen werden. Der Volksstamm ist nicht besonders genannt, es kann sich aber nur um die Friniaten handeln, die von ihren Bergen aus im Tal der Skultenna in die Ebene von Mutina vorgedrungen sind. Was der Zweck dieses Zuges war, sehen wir noch in demselben Jahre. Denn kaum ist der Konsul mit seinem Heere abgezogen, sofort erscheinen offenbar dieselben Scharen wieder in der Ebene von Mutina und erobern in kühnem Handstreich die Stadt, (XLI c. 14). Dieser von den Ligurern überraschend schnell und kraftvoll ausgeführte Schlag lehrt uns am besten die Bedeutung der Schlacht an der Skultenna würdigen. Claudius hatte zwar bereits in Rom über zwei Völker triumphiert, (Liv. XLI, 13. 6—8 und act. tr. C. I. L. I^2 p. 48.) doch müssen die Taten in Istrien bedeutender gewesen sein, als die in Ligurien. Es ist nun nicht anzunehmen, dass die Ligurer, wie unser annalistischer Bericht (offenbar Antias) darzutun versucht, sich in Mutina eingenistet haben. Das Gefährliche und Aussichtslose eines solchen Beginnens wird ihnen schon selbst eingeleuchtet haben. Wir werden also die Wiedereroberung Mutinas durch Claudius im nächsten Jahre und die dabei erfolgte Niedermetzelung von 8000 Ligurern von der Hand weisen müssen (Liv. XL, 16. 7.). Einen Widerspruch des Annalisten selbst sehe ich in der Erwähnung der mutinensichen Beute. (XLI. 18: saeviunt in praedam, quae Mutinae parta erat, captivos cum foeda laceratione interficiunt pecora in fanis trucidant u. s. w.). Danach müssen also die Ligurer entkommen sein.

Für die folgenden Kämpfe dieses Jahres haben wir bei Livius XLI. 6—18 einen sehr schlechten und vor allem sehr unklaren Bericht. Die Quelle scheint Antias zu sein. Wir haben seit der Schlacht an der Skultenna einen fortlaufenden Bericht, wo wir zuletzt Antias sicher als Quelle feststellen konnten. Ferner liegt in der Bemerkung c. 18. 1: hostes sub adventum C. Claudi, a quo duce se meminerant nuper ad Scultennam flumen victos fugatosque, ein Hinweis darauf, dass hier dieselbe Quelle wie c. 12 vorliegt. Schliesslich spricht die Angabe der römischen Verluste in einer Schlacht, wo ein Konsul gefallen ist, auch sehr für Antias. (c. 18. 13: ex Romano duo et quinquaginta ceciderunt).

Ich will mich begnügen, nur das Wesentliche und Glaubwürdige aus dem langen Bericht hervorzuheben. Nach der Wiederbesetzung Mutinas ist der Prokonsul C. Claudius im Begriff, die Ligurer anzugreifen. Ehe er aber zum Schlagen kommt, muss er sein Heer in Parma an die Konsuln Q. Petillius und C. Valerius abgeben. Die Konsuln rücken von da aus in verschiedenen Richtungen vor. (Profecti inde in diversas regiones.) Da uns aber die Lage der genannten Berge Letus und Ballista nicht bekannt ist, lassen sich auch die diversae regiones nicht bestimmen. Der eine Konsul nun, Q. Petillius, wird bei dem Sturm auf den Letus getötet. Nach dem Tode des Konsuls soll der Berg von den Legionen noch genommen und ausserdem 5000 Feinde erschlagen worden sein, während die Römer nur 52 Mann einbüssten! Wie die Legion, in deren Reihen der Konsul fiel, bestraft wurde, berichten uns (wahrscheinlich aus Livius) Frontin IV 1. 46 und Valerius Maximus II. 7. 15. Nissen p. 240 meint, dass die Notiz bei Frontin: cum a Liguribus in proelio Quintus Petilius consul interfectus esset zur Darstellung des Livius nicht zu passen scheint. Wegen des „in proelio" auf eine andere Situation, vielleicht gar auf eine offene Feldschlacht, zu schliessen, halte ich für gewagt.

Mit den Worten C. Valerius audita bricht plötzlich der Bericht ab, und wir erfahren nicht, wie der Konsul den Tod seines Kollegen gerächt hat. Die Notiz in der Epitome XLI: praeterea res adversus Ligures . . . . . prospere gestas continet, bezieht sich wohl mehr auf die Taten der Konsuln des nächsten Jahres. Früher hatte man dem Valerius einen Triumph zugeschrieben; Mommsen aber hat diesen Triumph mit Recht für den Konsul des nächsten Jahres M. Aemilius Lepidus in Anspruch genommen. (C. I. L. I p. 463.) Dass C. Valerius nichts Bedeutendes mehr nach dem Tode seines Amtsgenossen ausgeführt haben wird, dafür spricht meiner Ansicht nach am besten der Umstand, dass im nächsten Jahre wiederum beide Konsuln mit der Kriegsführung gegen die Ligurer betraut werden. Der Feldzug des Jahres 175, der sich offenbar gegen dieselben Stämme richtet, mit denen in den letzten Jahren gekämpft worden war, muss nun einer der erfolgreichsten gewesen sein, die jemals gegen die Ligurer in Italien unternommen worden sind. Das ergibt sich zunächst aus den bedeutenden Supplicationen [1]) und den Triumphen, die den siegreichen Feldherrn bewilligt wurden [2]). Dann lässt sich beobachten, dass mit dem Jahre 175 alle Kämpfe mit den am weitesten nach Süden vorgeschobenen Stämmen, hauptsächlich mit den Apuanern und Friniaten, plötzlich abbrechen [3]). Und schliesslich haben wir Liv. XLII. 4. die wichtige Nachricht erhalten, dass im Jahre 173, (nachdem 174 Ruhe bei den Ligurern herrschte), die durch die letzten Kriege gewonnenen Gebiete zur Verteilung gelangten [4]). Es müssen also endlich einmal entscheidende Resultate erzielt worden sein. Leider aber ist das, was wir über diesen Feldzug wissen, sehr gering. Denn gerade an dieser Stelle findet sich im Buch XLI eine beträchtliche Lücke, und nur die Schlusssätze des Berichtes sind uns erhalten Liv. XLI. 19: . . . . . deduxit. cis Apenninum Garuli et Lapicini et Hergates, trans Apenninum

---

[1]) Liv. XLI. 10. ob eas res in Gallia Liguribusque gestas duorum consulum ductu auspicioque senatus in triduum supplicationes decrevit et quadraginta hostiis sacrificari iussit.

[2]) Vgl. C. I. L. I. p. 459.

[3]) 20 Jahre später unternehmen allerdings noch einmal die Apuaner einen Raubzug in das Gebiet von Luna.

[4]) Mommsen C. I. L. p. 89. St. R. 2 II p. 607 ff.

Briniates fuerant. Intra Audenam amnem P. Mucius cum is, qui Lunam Pisasque depopulati erant, bellum gessit, omnibusque in dicionem redactis arma ademit. Aus diesem Bericht geht hervor, dass die Ligurer infolge des ungünstigen Ausganges des letzten Feldzuges wieder einmal plündernd in die Gebiete von Luna und Pisae eingefallen sind. Die Konsuln operieren getrennt, Aemilius wahrscheinlich mehr nördlich als sein Amtsgenosse. Sie wenden dass sich in der letzten Zeit am besten bewährte Mittel, der Uebersiedelung von ligurischen Gemeinden in die Ebene, an, und zwingen ausserdem die Ligurer, ihre Waffen auszuliefern. Die Stämme der Garuler, Lapiciner, Hergaten und Briniaten, die Aemilius auf diese Weise unterwirft, werden sonst nirgends erwähnt. Jedenfalls liegen ihre Wohnsitze in dem Gebiete, dass wir gewöhlich den Apuanern und Friniaten zuschreiben. Ebenso ist die Audena ein unbekannter Fluss. Von den vielen Vermutungen erscheint mir die wahrscheinlichste die von Cluver, der sie für einen kleinen Nebenfluss der Macra hält[1]). Die Stelle: ob eas res in Gallia Liguribusque gestas gibt uns keine Veranlassung, an einen Aufstand der Gallier zu denken. Es handelt sich hier nur um das Operationsfeld, wenn Livius „in Gallia" sagt. Auch spricht die Epitome nur von res adversus Ligures gestas. — Mit diesem Feldzug tritt in der Unterwerfung Liguriens ein gewisser Abschluss ein. Die Kämpfe der nächsten Jahre spielen bereits nördlich von Genua und ziehen sich allmählich immer weiter nach Westen hin, bis schliesslich die Alpen erreicht werden. Allerdings scheint mit der Unterwerfung der Apuaner und Friniaten die schwierigste Arbeit geleistet zu sein. Denn kein anderer Stamm hat in ähnlicher Weise wie diese den römischen Waffen getrotzt.

Eine nähere Erörterung erfordert die im Jahre 177 erfolgte Gründung der Kolonie Luna[2]). Sie ist als das Er-

---

[1]) Vgl. Weissenborn u. Hülsen in Pauly-Wissowas Real-Encyckl.

[2]) Die Lesart des Velleius I 15: Luca hat Mudvig richtig in Luna verbessert. Vgl. Mommsen C. I. L. I. p. 148, wo diese Frage ganz ausführlich behandelt wird und auch eine vollständige Lösung findet.

gebnis der Kämpfe der vorhergehenden Jahre anzusehen. Ackerland hatte man gewonnen dadurch, dass man die Ligurer aus dem Gebiet zwischen Pisae und Luna teilweise vertrieben und teilweise nach Samnium verpflanzt hatte. Die Kolonie sollte nun jenen durch Krieg stark heimgesuchten Gegenden den lang ersehnten Frieden bringen. Ausserdem war für Rom die Lage Lunas an dem Macraflusse, dessen ganzes Stromgebiet bis zur Mündung es beherrschte, und in der Nähe des vortrefflichen Kriegshafens von ungemeiner militärischer Bedeutung. Die Gründung Lunas muss mit dem Angebot von Acker von Seiten der Pisaner in Verbindung gebracht werden[1]). Die handschriftliche Lesart: Pisanis agrum pollicentibus, quo Latina Colonia deduceretur, hat Mommsen (C. I. L. I p. 147ff.) in: quo Luna Colonia deduceretur verbessert. Die Korrektur ist insofern richtig, als sie durch die spätere Gründung der Kolonie tatsächlich bestätigt wird, aber es ist fraglich, ob sie notwendig ist. Ihne (röm. Gesch. III p. 362) hält sie sogar für falsch. Nach seiner Meinung bitten die Pisaner um eine latinische Verstärkung ihrer Bürgerschaft und sie stellen eben dazu das nötige Ackerland zur Verfügung. Er stösst sich bei der Mommsen'schen Korrektur daran, dass die Gründung der Kolonie Luna im Jahre 177 unter andern Triumvirn erfolgt, nicht unter denen, die im Jahre 180 auf das Anerbieten Pisaes hin ernannt werden. Ich halte es nun für ausgeschlossen, dass eine Stadt wie Pisae um eine latinische Kolonie bittet. Das geht auch aus XL. 43. gar nicht hervor. Ausserdem wird Pisae nie als Kolonie erwähnt. Die Pisaner versprechen nur Land für eine Koloniegründung, und ich sehe darin einen sehr klugen Schachzug der Bürger von Pisae; denn sie konnten dabei nur gewinnen. Durch die Vertreibung und Wegführung der Ligurer wird eine Menge Land in die Hände der Pisaner zurückgekommen sein, was ihnen die Ligurer in den letzten Jahrzehnten entrissen hatten. Für dieses haben sie, da ihre

---

[1]) Liv. XL. 43.

Bürgerschaft wahrscheinlich durch die letzten Kriege selbst etwas zusammengeschmolzen ist, keine Verwendung. Ihre Aecker aber waren auch in Zukunft vor Plünderungen der Ligurer nicht sicher. Das würde nun anders werden, wenn nördlich ihrer Grenzmark eine römische Kolonie errichtet werden würde. Diese müsste dann das Bollwerk gegen die Ligurer werden, das so viele Jahre unter den schwersten Opfern Pisae selbst sein musste. Die Römer nehmen das Anerbieten an, und es wird eine Kommission von drei Männern ernannt, die zunächst weiter nichts zu thun hat, als den Acker als ager publicus in Empfang zu nehmen und die Grenzen festzulegen. Ihr Führer ist Q. Fabius Buteo. Nach 3 Jahren entschliesst sich nun Rom, welches sich vielleicht schon lange mit dem Gedanken einer Koloniegründung gegen Ligurien trug, diese Kolonie nach Luna abzusenden. Es wird natürlich wieder eine neue Kommission ernannt, die den Kolonisten das Land anzuweisen hatte. Unter dem Acker, der nun zur Verteilung kam, wird wahrscheinlich auch der gewesen sein, den Pisae geschenkt hatte[1]. Dass dieser Verlauf der Koloniegründung richtig ist, das scheinen mir die späteren Grenzstreitigkeiten der Pisaner und Luneser zu bestätigen Liv. XLV. 13.: Pisanis querentibus agro se a colonis Romanis pelli, Lunensibus adfirmantibus eum, de quo agatur, a triumviris agrum sibi adsignatum esse. Hier handelt es sich also um Acker, auf den die Bürger von Luna und Pisae Anspruch erheben. Die ersteren berufen sich auf die Triumvirn des Jahres 177, die den Acker unter die Luneser verteilt hatten. Rom ist bemüht, die Streitigkeiten zu erledigen, und ernennt deshalb

---

[1] Mommsen a. a. O. nimmt an, dass bereits im Jahre 180 auf das Angebot Pisaes hin nach Luna eine Kolonie geschickt wurde und dass sie im Jahre 177 noch um 2000 Kolonisten verstärkt wurde. Diese Ansicht widerspricht dem livianischen Texte. Die Korrektur Mommsens von Latina in Luna halte ich deshalb nicht für unbedingt notwendig, weil es mir bedenklich erscheint, dass die Pisaner den Römern gewissermassen vorschreiben sollen, wohin sie ihre Kolonie zu senden hätten.

eine Kommission, deren Führer jener Q. Fabius Buteo ist, der bereits im Jahre 180 den von den Pisanern geschenkten Acker eingezogen hatte. Ich glaube in dieser Ernennung liegt der beste Beweis dafür, dass das Ackerland der Pisaner im Jahre 177 zur Verteilung unter die römischen Kolonisten von Luna gekommen und dass nach Pisae keine römische Kolonie gesandt worden ist. — Der Acker, um den die beiden Städte sich im Jahre 168 streiten, ist also das Land, das die Pisaner im Jahre 180 geschenkt haben. Auf wessen Seite das Recht ist, das will Rom durch den berufensten Mann, durch Q. Fabius Buteo, entscheiden lassen. Es giebt damit zu, dass ein Irrtum der Triumvirn des Jahres 177 auch vorliegen konnte[1].

Nachdem im Jahre 174 infolge der Taten des M. Aemilius und Publius Mucius Ruhe bei den Ligurern herrschte, fällt in das Jahr 173 die Episode mit den Statiellern. Die Quelle des Livius für die ganze sehr ausführliche Darstellung (XLII. 7—9. 10. 9—15, 21—22.) scheint Antias gewesen zu sein. In c. 7 können wir ihn zunächst durch die erbeuteten ligurischen signa feststellen, c. 10, 9—15 schliesst sich sehr gut an das Vorangegangene an, (am Anfang des c. 11 wird er citiert) u. c. 21—22 kann als Fortsetzung und Schluss der ganzen Affaire kaum einer anderen Quelle entstammen. Es ist nun sehr schwierig, zu dem Berichte Stellung zu nehmen. Sicher ist, dass die Erzählung von dem Annalisten mit vielen Einzelheiten ausgeschmückt ist. Im allgemeinen aber werden wir die Hauptpunkte als eine historische Ueberlieferung hinnehmen können. Der schlechteste Teil des Berichtes ist der Anfang. Hier zeigt sich zunächst das Bemühen, die Tatsache zu vertuschen, dass der Konsul mitten im Frieden ohne Auftrag und Veranlassung die Statieller angegriffen habe. c. 7. 3 heisst es: et in Liguribus in agro Statiellati pugnatum ad oppidum Carystum. eo se magnus exercitus Ligurum contulerat. primo sub adventum M. Popili consulis moenibus sese continebant, deinde, postquam

---

[1] Vgl. zur ganzen Sache: Mommsen C. I. L. I. p. 147 ff.

oppidum oppugnaturum Romanum cernebant, progressi ante portas aciem struxerunt. nec consul .... moram certaminis fecit. An zwei späteren Stellen wird nun diese Darstellung direkt widerlegt. c. 8. 5: Statiellates, qui uni ex Ligurum gente non tulissent arma adversus Romanos, tum quoque oppugnatos, non ultro inferentis bellum. Und c. 21. 3: Popilius, qui deditis contra ius ac fas bellum intulisset. Ferner ist höchst unwahrscheinlich die grosse Schlacht, mit der uns der Annalist aufwartet, in der neben 10000 Feinden auch 3000 Römer gefallen sein sollen. Hätte das römische Heer wirklich diese grosse Anzahl Soldaten verloren, dann wäre Senat und Volk wahrlich nicht so peinlich genau in der Rehabilitierung des geschädigten ligurischen Stammes gewesen. Der Unmut über die eigenen Verluste hätte die grausame und inkorrekte Handlungsweise des Konsuls übersehen lassen. Es müssen sich also die Vorgänge in Ligurien anders abgespielt haben, wenn der römische Senat mit allen Mitteln, die ihm zu Gebote stehen, den Statiellern zu ihrem Rechte zu verhelfen sucht. Diese werden kaum Widerstand zu leisten versucht haben, sondern sie begaben sich wahrscheinlich vertrauensvoll in den Schutz des Konsuls (vgl. c. 21. 3), wurden aber dann wie die schlimmsten Empörer nach dem strengsten Kriegsrecht behandelt. Ihre Städte zerstörte man, die Waffen nahm man ihnen weg, Tausende verkaufte man als Sklaven. Hier musste der Senat einschreiten, wenn anders der römische Staat das Vertrauen seiner Untertanen nicht verlieren wollte. Der weitere Verlauf der Angelegenheit führt nun zu den erbittersten Streitigkeiten zwischen Konsul und Senat, die sich bis in das nächste Jahr hinziehen, wo in dem neuen Konsul C. Popillius Laenas dem vom Senate gemassregelten Bruder eine Unterstützung erwächst. Die Nachricht, dass M. Popillius nochmals als Prokonsul 6000 Ligurer (nach einer anderen Lesart 16000) erschlagen habe, halte ich für eine annalistische Uebertreibung. So weit konnte selbst die Unvernunft dieses Mannes nicht gehen. Durch diese Nachricht wollte vielleicht der Annalist nur die trotzige Starrheit und Unversöhnlichkeit des M. Popillius illustrieren. Schliesslich wird durch Volksbeschluss der Senat ermächtigt, gegen den Prokonsul eine quaestio extraordinaria zu eröffnen. Er wird abberufen, sein Prozess aber verschleppt, sodass er schliesslich straflos ausgeht. Den verkauften Ligurern wurde durch ein Senatskonsult die Freiheit wieder verschafft, soweit dies möglich war. In den Worten (c. 22. 5): ut qui Ligurum post Q. Fulvium L. Manlium consules hostes non fuissent, ut eos praetores in libertatem restituendos curarent, liegt eine Klausel, die sehr frei und willkürlich ausgelegt werden konnte. Jedenfalls ist kaum anzunehmen, dass das schwere Unrecht sich nur einigermassen wieder gut machen liess. Nach Livius c. 22. 6. sollen allerdings viele Tausende jenseits des Po angesiedelt worden sein. Nach einer anderen Stelle (c. 28. 3) müsste man aber schliessen, dass der Senatsbeschluss nicht in vollem Umfange zur Ausführung gelangt ist. Der aus Ligurien zurückkehrende Konsul C. Popillius wird bei dem Berichte über seine Taten im Senate durch den Zuruf unterbrochen: cur scelere fratris oppressos Ligures in libertatem non restituisset?

Mit dem Jahre 172 hören die Kämpfe gegen die Ligurer in Italien allmählich auf. Das Verdienst, den Hauptwiderstand dieses Volkes gebrochen zu haben, würde demnach den Konsuln des Jahres 175 M. Aemilius und P. Mucius, die die letzten grösseren Kriege geführt zu haben scheinen, zufallen. Die letzte Affäre mit den Statiellern dagegen beweist, dass die Ligurer bereits so geschwächt waren, dass sie nunmehr römischer Willkür preisgegeben waren. Nur die Apuaner wagen es noch einmal im Jahre 155 sich zu erheben. Sie scheinen damals einen Plünderungszug in das Gebiet von Luna unternommen zu haben. Denn wir besitzen noch in den Fasten das Zeugnis eines Triumphes, den M. Claudius Marcellus in seinem zweiten Konsulate über dieses Volk gefeiert hat, und ausserdem folgende Inschrift auf einem marmornen Säulenkopf, der auf dem Forum von Luna gefunden wurde:

M. Claudius M. F. Marcelus
consol. iterum.

Daraus hat man geschlossen, dass die Lunenser dem Marcellus zum Danke für die Rettung aus ligurischer Gefahr eine Statue auf einer Marmorsäule errichtet haben. (vgl. zur Sache Mommsen C. I. L. I p. 148.) Der apuanische Aufstand ist aber nur als eine Episode anzusehen, die bereits in eine Zeit hineinfällt, wo die italischen Ligurer als unterworfen anzusehen sind.

Es muss auffallen, dass im Laufe der Unterwerfungskriege einzelne, zum Teil ganz bedeutende italische Ligurerstämme gar nicht erwähnt werden[1]). Dieser Umstand ist natürlich so zu erklären, dass zwischen ihnen und Rom ein Abkommen getroffen sein muss. Von solchen Dingen wissen unsere Quellen nie etwas zu berichten.

Nach dem Jahre 172 begnügt man sich wegen des Krieges mit Perseus, Heere in Italien aufzustellen, die für die Ruhe der eben unterworfenen Völker garantieren müssen. Erst im Jahre 166 nimmt Rom den Kampf wieder auf. Leider ist Livius nun nicht mehr vorhanden, und mit den kurzen, mangelhaften Nachrichten seiner Ausschreiber haben wir einen sehr unsicheren Boden unter den Füssen. Empfindlich zeigt sich das gleich bei dem Feldzuge der Konsuln im Jahre 166. Da beide triumphiert haben, müssen wir grössere Taten voraussetzen. Die einzigen Zeugnisse aber dafür sind:

1) Liv. ep. 46: Claudius Marcellus consul Alpinos Gallos, C. Sulpicius Gallus consul Ligures subegit.

2) Obseq. 12: M. Marcello C. Sulpicio consulibus . . . Galli Ligures deleti.

3) act. tr. M. Claudius Marcellus (de G)alleis Contrub(i)eis et Liguribus (Elea) tibusque. C. Sulpicius Gallus (de ligur)ibus. Tai . . . . rneis.

Es ist nun die Frage zu erörtern, wo diese Stämme, die in den Triumphalfasten genannt werden, und die sonst nirgends in der Litteratur vorkommen, zu suchen sind. Dass sie in das Alpengebiet gehören, bezeugt uns die Epitome.

---

[1]) Wir werden vor allen an die Bagienner und die Intimilier denken müssen.

Ligurische Völker aber finden wir nur in den Seealpen. Dort werden sich also die Kämpfe abgespielt haben, und wir werden in ihnen die Fortsetzung der seit 172 ruhenden Kriege zu sehen haben, die die Unterwerfung der Küste bis nach Gallien hinein erstreben.

Nachdem in den Jahren 164—162 nach der Periochae XLVI wahrscheinlich wieder in derselben Gegend gegen die Ligurer gekämpft worden ist[1], haben wir aus dem Jahre 158 einen Triumph des Prokonsuls M. Fulvius Nobilior nochmals über die Eleaten.

Nun hören wir wiederum mehrere Jahre lang nichts von Kämpfen in diesen Gegenden, was vielleicht auch an unseren mangelhaften Quellen liegen kann. Erst mit dem Jahre 154 sehen wir Rom in seiner Unterwerfungspolitik fortfahren. Das Fragment des Polybius XXXIII. 10. 11, das wir für den Feldzug dieses Jahres besitzen und das uns ausführlich die Unterwerfung der Deciaten und Oxybier schildert, bedarf keiner näheren Erörterung. Allerdings spielen diese Kämpfe bereits jenseits der Alpen. Sie hängen aber zeitlich mit den Kriegen in Italien so eng zusammen, dass wir sie von diesen nicht trennen können. Auch scheinen sie einen gewissen Abschluss zu bedeuten. Denn nach dem Jahre 154 folgt eine Pause von fast 30 Jahren, sodass man annehmen muss, dass Rom mit seinen Erfolgen in dieser Richtung zunächst zufrieden war. Die engen Beziehungen zu der alten Freundin Massilia sicherten ihm in Südgallien so viel Einfluss, wie es für seine Zwecke brauchte und mussten auch die Verhältnisse vorbereiten, unter denen Rom später an die Besitzergreifung dieses Landes denken konnte.

Wenn wir nach dieser Besprechung und Erklärung der Quellennachrichten uns noch einmal den Gang der Unterwerfung der Ligurer vor Augen führen, so erkennen wir deutlich, wie Rom auch hier schrittweise vorging, wie es

---

[1] Am wahrscheinlichsten ist das Jahr 162, wo noch Val. Max. I 1. 3 der Konsul C. Marcius Figulus aus Gallien zurückgerufen wird, da die Konsulwahlen nachträglich für ungültig erklärt worden waren.

teils aus geographischen, teils aus politischen Interessen die einzelnen Stämme der Reihe nach angriff. Danach erscheinen die Kämpfe, die uns bis zum Jahre 187 geschildert werden, nur als Abwehrmassregeln gegen die Raub- und Plünderungszüge der Ligurer. Erst im Jahre 186 beginnt Rom den Offensivkrieg und zwar zunächst gegen den südlichsten und mächtigsten Stamm, gegen die Apuaner. Im Jahre 182 sind diese so weit beruhigt, dass man im folgenden Jahre einen notwendig gewordenen Feldzug gegen die als Seeräuber gefürchteten Ingauner unternehmen kann. Nach deren Unterwerfung erfolgt die friedliche Uebersiedelung eines Teiles der Apuaner nach Samnium. Die folgenden Kämpfe müssen sich dann naturgemäss gegen die Ligurer des Apennin, also hauptsächlich gegen die Friniaten richten. Sie dauern bis zum Jahre 175 und damit scheint die Unterwerfung der italischen Ligurer abgeschlossen zu sein, da die kleineren Stämme nördlich von Genua (z. B. die Statieller) sich ohne Widerstand ergeben. Nach Besiegung einiger kleiner Alpenstämme in den Jahren 166—159 ist dann die Zeit herangekommen, wo Rom bei konsequenter Durchführung seiner Pläne auch jenseits der Alpen festen Fuss fassen muss. Ein Anlass zum Kriege bietet sich schon im Jahre 154, und dieser endet mit der Unterwerfung der Deciaten und Oxybier.

Nunmehr beherrschte Rom die ganze Küste bis Massilia hin. Ob es in den folgenden Jahren bereits den Landweg nach Spanien benutzt hat, lässt sich nicht entscheiden. Jedenfalls wäre auch damals schon das Vordringen jenseits der Rhone bis zu den Pyrenäen möglich gewesen. Denn Massilia hatte bereits seit längerer Zeit an der ganzen Küste Kolonien angelegt[1]. In wie weit aber die Wegeverhältnisse für römische Heere, die schnell vorwärts kommen mussten, günstig waren, ist ungewiss. Ausserdem war man doch nicht aller keltischer und ligurischer Völker, die an der Küste sassen, sicher[2].

---

[1] Vgl. Strabo IV, p. 180.
[2] Vgl. Strabo IV p. 203.